主　　编　李　虹

副 主 编　胡欣民　　官希成　　杜世安　　程京安

资料提供　王　峰　　方　玲　　叶润清　　任一龙

　　　　　杨一平　　李德文　　吴卫红　　余　飞

　　　　　张钟云　　张　辉　　郑　玲　　秦让平

　　　　　贾庆元　　盛　静

新萃

大发展　新发现

"十一五"以来安徽建设工程考古成果展

安徽省文物考古研究所　编著

文物出版社

图书在版编目（ＣＩＰ）数据

新萃 ：大发展 新发现 ："十一五"以来安徽建设
工程考古成果展 ／ 安徽省文物考古研究所编著． —— 北京：
文物出版社，2015.11
ISBN 978-7-5010-4444-3

Ⅰ．①新… Ⅱ．①安… Ⅲ．①文物－安徽省 Ⅳ.
①K872.540.2

中国版本图书馆CIP数据核字(2015)第273045号

新萃——大发展 新发现："十一五"以来安徽建设工程考古成果展

编　　著：安徽省文物考古研究所

责任编辑：谷艳雪
美术编辑：周小玮
责任印制：张　丽

出版发行：文物出版社
社　　址：北京市东直门内北小街2号楼
网　　址：http://www.wenwu.com
邮　　箱：web@wenwu.com
经　　销：新华书店
制版印刷：北京图文天地制版印刷有限公司
开　　本：889×1194　1/16
印　　张：13
版　　次：2015年11月第1版
印　　次：2015年11月第1次印刷
书　　号：ISBN 978-7-5010-4444-3
定　　价：280.00元

目　录

第一部分　华美青铜

第二部分　精美玉石

第三部分　秀美陶瓷

　　进入新世纪，安徽经济迅速发展，城乡建设日新月异，围绕经济建设，认真贯彻《中华人民共和国文物保护法》，做好建设工程中的文物保护工作，一直是文物部门的工作重心。在各级党委、政府的高度重视下，在交通、高速公路、铁路、电力、煤矿、市政建设、园区开发及其他建设部门和单位的大力支持下，我省文物保护工作取得了卓越成果。省文物局、省考古所、省博物院共同努力，筹备了这次"大发展、新发现——'十一五'以来安徽建设工程考古成果展"。展览的主要目的是向社会展示"十一五"以来我省在建设工程中考古发掘取得的新发现和新成果，特别是要宣传工程建设单位在保护文物过程中的贡献，向大众展示通过妥善处理经济建设与文物保护之间的关系，是能够实现两者互惠共赢的。在这里，我代表省文化厅向关心支持我省文物保护事业的社会各界和广大群众表示衷心的感谢！

　　文物承载着国家和民族的记忆，是不可再生的珍贵文化资源。"十一五"以来，在建设部门和单位的大力支持下，通过社会各界同心协力，我省文物部门共配合近百项建设工程，完成文物保护和考古发掘项目近200项，保护和抢救了大量珍贵文物。在开展文物保护工作的过程中，我省的文物工作者认真贯彻"重点保护，重点发掘"和"既有利于工程建设，又有利于文物保护"的"两重两利"原则，夜以继日地奋战在野外考古工地第一线。更是因为有建设单位与文物部门的密切合作，相互理解，相互支持，齐心合力，才能使大量尘封的瑰宝得到有效的保护，才能使今天这个成果展顺利举办，使社会大众能够亲眼目睹江淮大地悠久灿烂的历史文化，亲身感受到古代文明的伟大魅力。这次展览所展出的文物，仅是"十一五"以来出土文物的极小部分，但是涵盖了上至新石器时代、下至明清的各个时期，是从近年来出土的万余件文物中精心挑选出来的具有代表性的文物。

　　今天，我们欣喜地看到，文物保护工作越来越成为全社会关注和参与的热门领域，这是文物保护工作获得大发展的社会基础。建立健全党政领导、部门指导、各方配合、社会参与的工作机制和法律保障，统筹力量，形成合力，构建社会各方面共建文物事业的工作格局，才能促进文物保护事业大发展。同时只有及时地公布在文物保护工作中取得的新成果，做到文物保护成果人人共享，才能不断提高全社会的文物保护意识，营造保护文物人人有责的社会氛围，带动社会各方面积极支持、热情参与文物事业。这也是这次展览最为重要的目的。如此丰硕的考古新成果激励着我们共同做好文化遗产保护工作，努力构建和谐社会，同时也更加有力地证明了只要重视文物保护工作，就能够做到工程建设和文物保护两不误，就能够共铸文化遗产保护之辉煌。

安徽省文化厅副厅长　李修松

二〇一三年六月

序 二

随着经济的快速发展，建设工程中的文物保护工作越来越得到全社会关注，我们也清楚地认识到配合文物部门做好建设工程中的文物保护工作的重要性和必要性。

近年来，我们交通投资集团与省文物部门通过密切合作，完成了六武高速公路、黄塔桃高速公路、泗许高速公路、北沿江高速公路、徐明高速公路等重大建设工程的文物保护工作。从工程沿线的考古调查到考古勘探，再到考古发掘，我们都尽可能地给予文物部门支持和协助。文物部门在工作过程中也很理解我们建设方的困难。通过相互理解和相互支持，完成了很多重要的考古发掘项目。看着一件件文物在我们的建设工地上被发掘出来，并得到有效的保护，我们也感到十分光荣。

今天举办这个展览，让我们建设单位和普通百姓可以及时地看到文物部门在考古发掘中取得的成果，通过这种展览的形式让我们以更加直观的途径认识到文物保护的重要性。如果在我们的建设施工过程中，不与文物部门密切合作，如此多的古代文物就会在机器化的施工作业下被破坏，被掩埋，我们悠久的历史和灿烂的古代文明就不能够被今天的我们认识和学习，这会是多么大的损失和遗憾。但很庆幸的是，我们没有这样做，我们始终以"文物第一"为原则，积极主动地与文物部门合作，希望通过齐心合力可以做到工程建设和文物保护两不误。这个展览，也正是证明了这种互利共赢的结果是能够达到的。

今后，在建设工程中，我们建设单位必将继续做好配合工作，使这些不可再生的文物资源得到及时有效的保护，使我们的工程建设和文物保护工作得到协调发展。也希望类似的展览可以经常举办，让我们能够及时地了解考古成果。这些成果同样也是我们建设工程的成果，我们将以它们为骄傲，这也促使我们更加重视文物保护并更加积极主动地去保护这些悠久灿烂的历史文化遗产。

安徽省交通投资集团有限责任公司副总经理　王宏祥

二〇一三年六月

概　述

　　自2006年以来，随着安徽省"十一五"计划的实施和推进，大量基础建设工程在此期间得到了开展。为配合省内各项基础设施建设做好抢救性考古发掘工作，我所认真贯彻"保护为主、抢救第一，合理利用、加强管理"的文物保护方针，在配合基本建设需求的同时最大限度地保护文物，坚持"既对基本建设有利，又对文物保护有利"的原则，取得了丰硕的成果。不仅丰富了我省各时期考古研究的基础资料，也在一些重要课题上取得了重要的突破。

　　从2006年至2013年，安徽省文物考古研究所共配合近百项建设工程，涉及文物考古相关的工程主要包括铁路、公路、水电工程、城建、工业园区等几个大项。

　　铁路建设工程包括京沪高速铁路、合武铁路、宁安铁路、合蚌铁路、宿州钱营孜煤矿铁路、宿淮铁路、京福高铁、阜六铁路、郑徐铁路客运专线等。公路建设工程包括铜南宣高速公路、宿泗高速公路、绩黄高速连接线、合宁高速公路改造、蚌淮和芜雁高速公路、黄祁高速公路、宣宁高速公路、合肥新桥机场高速公路、徐明高速公路、阜新高速公路、泗许高速公路、马鞍山大桥连接线、凤明高速公路、宁绩高速公路、北沿江高速公路、314省道、东九高速公路、岳武高速公路、215省道改线、环巢湖公路、滁马高速公路、济祁高速公路、望东大桥连接线等。水电工程包括芜湖响水涧蓄能电站、繁昌核电站、绩溪抽水蓄能电站、沱河河道疏浚工程、淮北电厂等。城市建设与工业园区包括宿州市城建、凤阳县新政务区及玻璃有限公司建设、江北产业集中区、合肥循环经济园、合肥新港出口加工区、怀远县荣军医院，此外还包括临泉、庐江、寿县、肥东、广德、六安、马鞍山、淮北、宁国、固镇、泗县、蒙城、繁昌等地新区及经济开发区建设。

　　配合以上基本建设工程，安徽省文物考古研究所完成文物保护和考古发掘项目近200项，累计勘探面积近700万平方米，发掘面积近80000平方米，发掘古墓葬5000余座，保护和抢救了大量珍贵文物。考古发掘对象主要包括遗址、墓葬、窑址及古河道四个方面，其中遗址及墓葬占据绝大多数。各类遗存涉及的年代跨度广，自新石器时期至明清各个时段均有发现。

一　新石器至商周时期

1.2006年配合基建发掘成果

1）六安市匡大墩遗址

该遗址下层为西周至春秋时期，发掘面积500平方米。出土遗物有陶鬲、罐、纺轮、网坠等，以夹砂陶为主，石器有箭镞、刀等。

2）肥西县塘岗遗址

遗址总面积约35900平方米，年代为新石器晚期至商周时期。当年进行了局部发掘，遗迹包括房址、灰坑、沟等，遗物有石器、陶器和玉器三类，器形有石斧、铲、刀、锛、凿、镞、秋，陶鼎、罐、尊、杯等。

3）繁昌县鹭鸶墩遗址

该遗址下层年代为新石器时代晚期，发掘面积700余平方米。出土遗物包括夹砂红褐陶器、黑陶和黑皮陶器以及石器、骨器等，器形有陶鼎、豆、罐、石钵、纺轮、石锛、铲、凿、刀、钺、镞及骨锥等。

2.2007年配合基建发掘成果

芜湖市月堰遗址

新石器晚期遗址，年代距今约6000至4500年，属于较典型的台型遗址。在已完成发掘的6000平方米遗址核心和重点区域，发现新石器时代的墓葬及房屋建筑基址多处，以及与房屋建筑相关的红烧土遗迹，此外还发现窖穴、灰坑、沟等各类遗迹。其中新石器时代的墓葬26座，墓葬的方向、随葬品组合及摆放均有一定的规律，是我省目前发现为数不多的史前墓地之一。出土陶器、石器、玉器等各类珍贵文物700余件，陶器、石器标本近千件，器类包括陶鼎、豆、壶、罐、碗、杯、鬶、纺轮，石钺、锛、凿、刀、削等。其文化主体因素与崧泽、良渚文化非常接近，与北阴阳营、薛家岗、凌家滩和大汶口文化也有较多相似之处。

3.2008年配合基建发掘成果

广德经济开发区土墩墓群

共发掘13个土墩，时代为西周中晚期至春秋时期。土墩呈馒头状，最大的底径约25米、高4米，最小的底径约10米、高1.5米；封土堆积一般分为4～5层，较为纯净，偶夹有少量陶片、石块。13个土墩内共有单体墓葬21座、祭祀坑4个；出土文物200余件，有印纹硬陶瓮、罐、豆、钵，原始瓷豆、碗，夹砂陶鼎、釜、支座，泥质陶钵等。

4.2009年配合基建发掘成果

1）宿州芦城孜遗址

遗址主体遗存年代为新石器时代中晚期，发掘面积4000平方米。遗迹有房屋基址、墓葬、灰坑、壕沟等；出土文物1000余件，器类有石锛、凿，陶鬶、鼎、壶、罐、杯、纺轮、网坠，骨针、锥、管、锛，蚌质刮削器、三孔器等。包含有大汶口文化及龙山文化因素。

2）马鞍山市毕家山遗址

遗址年代自新石器时代晚期至西周中晚期—春秋时期，发掘面积5000平方米。清理遗迹包括灰坑、灰沟、墓葬及红烧土坑；出土陶鼎、鬶、鬲、甗、罐、钵、豆、盘，原始瓷豆，石钺、斧、锛、凿、镞等。该遗址新石器时代遗存相当于良渚文化晚期到广富林文化时期，夏时期遗存年代则相当于点将台文化时期，周代至春秋遗存则以吴文化为主要文化因素。

3）长丰县古城遗址

遗址年代可分为夏商和周两个时期，遗址面积约30000平方米，发掘面积600平方米。清理遗迹包括房址、灰坑、沟、柱洞等；遗物有陶鼎、罐、鬶、甗、尊、豆、器盖、碗、钵，石刀、斧、凿等，另有少量兽骨、卜骨。

4）繁昌县板子矶遗址

遗址时代大致从西周中期偏晚段延续到春秋晚期，遗址面积约4000平方米，发掘面积100平方米。遗迹仅发现两个灰坑；遗物较为丰富，以印纹陶为主，器类有鬲、鼎、豆、甗、罐、瓮、盆、钵、碗、盘等，原始瓷器有碗、豆、罐等，石器有锛和刀。该遗址在文化面貌上与具有相同文化传统的宁镇地区基本一致，并与吴国核心区域太湖地区表现出较大程度的相似性。

5.2010年配合基建发掘成果

1）马鞍山市小山遗址

遗址位于马鞍山市雨山区银塘镇宝庆村，主要文化遗存为西周中晚期至春秋时期，也有少量新石器时代晚期文化遗存，遗址面积7000余平方米，发掘面积2000平方米。遗迹包括灰坑、灰沟、房址、红烧土坑等；出土遗物主要有石钺、斧、锛、刀、镰、镞，陶鬲、甗、罐、盆、钵、豆、盘，原始瓷豆、碗等。

2）马鞍山市小村遗址

遗址位于马鞍山市雨山区银塘镇，年代与小山遗址相当，同为新石器及西周中晚期至春秋时期，遗址面积约4300平方米，发掘面积450平方米。遗迹主要有灰坑、房屋基址、柱洞等，其中一处口小底大的袋状灰坑在安徽南部地区尚属首次发现；遗物主要有石锛、刀，陶鬲、鼎、豆、罐、盘、钵、甗，印纹硬陶罐、豆，原始瓷豆等。

3）铜陵师姑墩遗址

该遗址现存面积7500平方米，发掘面积近1300平方米；年代可分为两个大的时间段，早期相当于中原商周时期，晚期为西周至春秋时期。发现遗迹有房址、灰坑、沟、井、柱洞及少量木头、石头堆积，另有较多的铜渣和炉壁残块；遗物有陶鼎、罐、铃、豆、缸、杯，印纹硬陶鬲、盆、罐、甗，石锛、钺、矛、斧、凿等，此外发现了大批与青铜冶铸有关的遗物。

4）马鞍山市孤山遗址

该遗址时代为周代，面积约2万余平方米，发掘1500平方米。发现遗迹有灰坑及灰沟，遗物有陶鬲、豆、碗、罐等。

5）南陵牌楼土墩墓群

墓群连绵数千米，分布在芜湖市南陵县三里镇牌楼村与漳西村交界的丘陵地带的山脊上，年代大致为西周中晚期到春秋中期。土墩多呈馒头状，底径在6～20米、高度在1～4米之间；封土堆积一般为3～4层。有一墩一墓、一墩两墓和一墩三墓三类，单体墓葬分浅坑、无坑及石床型三种。出土遗物多为印纹硬陶罐、盂，原始瓷豆，泥质红陶盉等。

6. 2011年配合基建发掘成果

凤阳新城区金董大古堆遗址

该遗址主要年代自新石器至商周，发掘面积700平方米。通过发掘得知该遗址周边环绕壕沟，遗址内零星分布灰坑、柱洞和红烧土残墙基等；出土陶鼎足、鬶、杯、鬲、罐、豆等，另有少量石器和蚌器。

7. 2012年配合基建发掘成果

1）马鞍山市申东遗址

遗址主体年代为新石器至商周，面积约50000余平方米，发掘面积1920平方米。遗迹主要为商周时期的灰坑、柱洞以及房基、窑址、火塘、壕沟等，其中西周时期的婴幼儿墓地和灶址是此次发掘的重要收获；遗物发现陶杯、鼎足、鬲、甗、罐、缸，原始瓷碗，石锛、斧、铲、刀、镰等。

2）宁国港口灰山周代土墩墓群

该土墩墓群包括土墩36个，时代为春秋时期，发掘面积300亩。土墩底径15～30米、高1～3米，存在一墩一墓及一墩多墓的情况，一墩内最多含七个单体墓葬。出土遗物以原始瓷盅、罐等为主。

8. 2013年配合基建发掘成果

1）芜湖市计村大城子遗址

遗址主体时代为新石器至周代，面积约1000平方米，发掘面积500平方米。新石器时代遗迹有墓葬、红烧土堆积、柱洞；遗物有碎骨，陶壶、鼎、甗、盘、豆、杯，石锛、刀、犁，玉锥形器等。周代遗迹有房址、灰坑、灰沟、红烧土坑及少量柱洞；遗物有石器、陶器、印纹硬陶、原始瓷器和小件青铜器等。该遗址是在皖江中下游北岸地区发掘的首个先秦遗址。

2）和县章四科大城子遗址

遗址主体时代为夏、商及西周中晚期，面积约31000平方米。发现遗迹有房址、窑址、墓葬、灰坑、沟等；出土遗物主要有石锛、铲、凿、斧、刀，陶鬲、罐、钵、盆、豆、簋、甗，铜箭镞及铜刀等，灰坑内有完整的动物骨架出土。

二　战国至秦汉时期

1. 2006年配合基建发掘成果

1）六安双墩一号汉墓

该墓位于六安市金安区三十铺镇双墩村，是配合基本建设的最重要的发掘项目。墓葬封土呈馒头状，底径55米，高10米；墓室为土坑竖穴墓，呈"中"字形，由墓道、椁室、题凑、回廊和外藏椁组成，墓葬全长45米。题凑内双椁双棺，外椁为木质、内椁为石质。该墓在唐代被盗掘，仅出土漆木器残片和铜容器、兵器、车马器以及玉器、金箔、银箔、五铢钱、封泥等500多件，还有植物种子、果实等。根据文献记载及墓内出土封泥上"六安飤丞"、铜壶上"共府"等文字推断，该墓墓主为汉代六安国共王刘庆。在发掘该墓期间，对周围地区进行了考古调查，发现了六安国王陵区及陵区内其他三处双冢大墓，揭开了六安国的神秘面纱，并入选当年全国十大考古新发现。

2）肥东县龙城墓地

发掘了战国至西汉的墓葬34座，均为竖穴土坑墓；出土随葬品有铜器、陶器、印纹硬陶器等。

3）肥东大邵墓地

发掘了28座汉代墓葬，多为土坑墓，仅2座砖室墓；出土陶、铜、滑石、料器共计260余件。

4）潜山县林新墓地

发掘战国晚期至汉代墓葬共计100座，出土青铜、陶、玉、琉璃器等各类文物近500件。

5）六安市经济开发区经三北路及双龙机床厂

共清理墓葬近100座，墓葬时代主要为战国至汉代。

6）庐江县服装工业园

发掘了一座汉墓。墓葬为甲字形土坑竖穴木椁墓，椁室及盖板用双层楠木建成，椁内由棺室、前室及东、西、北三个边厢组成，棺椁保存完整，棺室与边厢之间的隔板上有精美的木作雕刻；出土釉陶器、木俑、漆木器、铜器、玉器等，并出土"临湖尉印"铅质印章一枚。

7）寿县寿春城遗址

发掘4000平方米，发掘部分主要是汉代的遗存，少量战国遗存。

8）枞阳县沙河墓地

共发掘战国至西汉墓葬79座，战国墓葬占据绝大多数，均为长方形竖穴岩（土）坑墓；出土青铜器、陶器、原始瓷器、铁器、琉璃器等各类文物400余件。

2.2007年配合基建发掘成果

1）六安经开区双龙机床厂战国至汉代墓地

共发掘墓葬260余座，均为中小型土坑竖穴墓；出土文物以陶器为主，也有铜质生活用器，铜镜随葬较为普遍，品种多式样全。

2）凤阳卞庄1号春秋墓

墓圹为圆形，墓底有9具人骨架，随葬品残存14件青铜编钟以及鼎、豆等生活用具及车马器、兵器和石磬、陶器等数十件。其中5件镈钟上发现300多字铭文，对研究钟离古国有着极其重要的价值。

3）庐江县工业园汉墓

年代为西汉中晚期至东汉早期，墓葬数量近60座。墓葬规模主要有中、小型两类，多数有墓道，少数设有排水沟；出土器物以釉陶器为主，并有灰陶模型名器，器形有壶、罐、盒、灶、井、圈等，青铜器主要有镜、剑、刀、矛等。

4）寿县寿西湖农场战国至汉代墓地

墓葬数量近100座，一般为长方形土坑竖穴墓，出土有陶罐、豆、壶等。

3.2008年配合基建发掘成果

1）灵璧县半店孜遗址

遗址年代为汉代，保存完好。在遗址内发现一处建筑基址，有基槽和排列较为规律的柱洞，在其周围发现多处窄且直的排水沟。

2）滁州市戴胡遗址

这是一处西汉早期村落遗址，发掘面积300平方米。清理遗迹主要有灰坑、灰沟，出土陶罐、釜、钵、瓮、缸等生活用具以及板瓦、筒瓦和瓦当等建筑材料。

3）灵璧薄山、泗县前李西汉墓地

共清理墓葬130余座，包括砖室墓、石室墓、土坑墓三类，随葬品较为丰富。

4）广德赵联—北冲墓地

发掘了一批西汉中晚期至东汉晚期墓葬。墓葬分为砖室墓及土坑墓两种，出土器物有釉陶器、印纹硬陶器、铜器、铁器等。

5）庐江工业园区汉墓

主要包括西汉的土坑竖穴木椁墓及东汉时期的砖室墓两类。出土各类器物500余件，主要有泥质陶、釉陶、铜器三类，器类有陶壶、罐、鼎、盒、灶，铜镜、剑、矛、印章等。

6）六安城东经济开发区战国至汉代墓葬

发掘了双龙机床、汽车城二期、鹏飞学校、济民药业、巨鹰集团、寿县路、正阳北路等工程范围内的数百座战国至汉代墓葬，出土了大批文物。

7）灵璧薄山汉代窑址

共清理了6座窑炉。窑址分布在不足500平方米的范围之内，排列无序、方向不一，根据出土遗物分析以烧砖为主。

4.2009年配合基建发掘成果

1）长丰县老古堆遗址

发掘面积1300平方米。在老古堆遗址的边缘发现有一条大约在汉代形成的古河道。

2）淮南市黄庄汉代墓地

发掘汉墓35座，出土各种质地的随葬器物130余件（套）。

3）肥东县公安战国至西汉墓群

发掘墓葬37座，均为土坑竖穴墓，部分墓室内有二层台；随葬器物主要为陶器，器类有罐、壶、钫、豆、鼎、盘、盒、瓿等，另有铜镜、戈、矛、剑等出土，还有少量玉璧及龙形玉佩。

4）凤阳县搬井汉代墓地

清理汉代墓葬52座，可分为土坑、砖室及砖石混构三大类；出土器物以陶器为大宗，另有釉陶、铜、铁器等。

5. 2010年配合基建发掘成果

1）灵璧县魏集遗址

遗址年代为战国至汉代，发掘面积200平方米。仅发现灰坑3个，出土陶豆、罐、盆及板瓦、筒瓦、砖等。

2）霍邱县如意遗址

遗址年代为汉代。发现古陶窑1座、作坊1处、灰坑13个、灰沟2条，出土陶器、铜器、石器、砖瓦等。

3）宿州市大夏家遗址

遗址年代为汉代，发掘面积150平方米。仅发现灰坑2个、灰沟1条，出土器物有陶壶、罐、盆等，还出土2件铁锄以及板瓦、筒瓦、瓦当等建筑材料。

4）六安经开区金领墓群

墓葬主体年代为战国至汉代，当年发掘墓葬数量近600座。墓葬形制以竖穴土坑墓为主，出土各类丰富的随葬遗物数千件。

5）宿州市海螺水泥厂墓群

墓葬主体年代为战国至汉代，共计65座。按形制可分为土圹竖穴石室墓、土圹竖穴砖室墓、土圹竖穴木椁墓三种；出土文物种类繁多内容丰富，包括陶器、铜器、铁器、玉器、骨器、银器、漆木器、石器等。

6）合肥市金晓墓群

墓群年代为汉代，为一处家族墓地，分布在9个土墩上，共有单体墓葬12座。墓葬均为竖穴土坑墓，出土陶器、铜器、玉器、滑石器等。

7）怀远县荣军医院新址汉代墓群

墓葬多为砖室墓，出土陶质模型冥器、铜镜、铜带钩、钱币等。

8）萧县陈沟墓群

发掘汉代墓葬近60座，出土各类遗物200余件。

6. 2011年配合基建发掘成果

1）临泉县杨广店遗址

遗址年代为战国晚期至西汉，发掘面积1000平方米。清理灰坑12个、沟6条、井2个；出土大量陶片，可辨器形的有板瓦、筒瓦、盆、罐、豆等。

2）寿县古城西门基址

发掘显示，寿县古城墙的年代上限可能提早至战国时期。

3）灵璧县朝阳镇孟邵墓地

主体墓葬年代为汉代。共发掘汉代墓葬23座，均为竖穴土坑墓；出土遗物160余件，以泥质灰陶和红陶为主，器类有鼎、壶、盒、盆、罐、钵、杯、熏炉、灶、仓、井、磨，另有铜镜、带钩等。

4）安庆圣埠战国墓群

共发掘战国时期墓葬49座。墓葬均为长方形竖穴土坑墓，大部分残存有葬具痕迹；出土陶器、原始瓷器、青铜器、玉器、琉璃器、金块等各类珍贵文物364件。该墓地的发掘为安徽地区楚墓的分区与分期提供了新材料。

5）阜阳颍州区小吴寨西汉墓地

发掘汉代墓葬36座。大部分为砖室墓，少量竖穴土坑墓，出土器物计120余件。

6）六安经济开发区金领、经二路战国至汉代墓葬

上年项目的继续。其中两座战国晚期墓葬较为重要，为同茔异穴合葬墓，均为"甲"字形带墓道的竖穴土坑墓，墓内木质棺椁保存完好，两墓出土随葬品200余件（套），包括铜器、陶器、漆木器、玉器及角器等，其中出土的战国晚期六山纹铜镜、髹漆皮甲等较为珍贵。

7）临泉县辉隆建材大市场汉墓

发掘汉代墓葬55座。墓葬均为砖室墓，分为单人葬、双人合葬及多人合葬三类，被盗掘破坏严重，少有出土遗物。

8）广德县南塘汉代土墩墓群

共发掘汉代土墩62个，单体墓葬269座。土墩形状为椭圆形或圆形，最大的直径30余米，最小的8米左右。一墩内由一墓到多墓，最多可达一墩十五墓。一墩可能为一个家庭，一墩及周围的若干小墩组成家族墓区，各个家族墓区形成了整个墓地。出土随葬品上千件（套），有铜、铁、玉、釉陶、琉璃、鎏金器等。

9）当涂陶庄战国早期土墩墓

1座。封土遭到破坏，墓坑完整，营建过程清楚；出土陶器、原始瓷器、印纹硬陶、玻璃器等，器类有鼎、盘、釜、甑、钵、纺轮、罐、瓿、瓶、杯、盅等。

10）合肥新港工业园乱墩汉代墓群

发掘清理西汉墓葬51座。墓葬均为竖穴土坑墓，出土随葬品500余件，有釉陶、铜、玉、铁器等。

7.2012年配合基建发掘成果

1）六安经济开发区曙光二期战国至汉代墓群

共发掘墓葬近400座，出土各类文物2000余件。

2）固镇大楼墓地

清理战国至汉代墓葬36座。

3）固镇龙滩墓地

发现汉墓4座。

4）肥东小尹墓地

发掘汉代墓葬12座。

5）广德南塘汉代土墩墓群

发掘东汉时期土墩2座，其中一座内有3座单体砖室墓，另一座内有1座单体砖室墓。

8.2013年配合基建发掘成果

1）六安市经开区誉丰木业墓地

发掘战国至汉代墓葬145座。墓葬均为竖穴土坑墓，以中小型墓葬为主，可分为"凸"字形与长方形两类，随葬品包括铜、铁、琉璃、陶器等。

2）固镇县王庄镇双李墓地

发掘汉代墓葬22座，出土遗物100余件，陶器占绝大多数，另有少量铜、铁、琉

璃及滑石器。

3）蒙城县乐土镇双龙村墓地

发掘汉墓40座。40座墓葬散布在六七个孤堆内，除1座为瓦筑外，余皆为土坑墓和砖室墓，其中土坑墓二次合葬、砖室墓续建的现象都比较特殊。

4）淮北市平山电厂墓地

清理汉墓20余座，包括土坑墓、砖室墓及岩坑墓三类。

5）固镇县杨庙乡东岗子墓地

发掘汉墓10座，其中土坑墓6座、砖室墓4座，出土各类文物50余件。

三 六朝时期

1.2008年配合基建发掘成果

广德赵联—北冲墓地

墓地中发掘了一批六朝时期的墓葬，共计有25座。墓葬均为砖室墓，包括长方形单室券顶、凸字形单室券顶、刀形单室券顶、船形单室券顶等，出土遗物主要为陶器及瓷器，另外还有一批铭文砖及花纹砖。各时期的墓葬有一定的排列规律，应是一处家族墓地。

2.2012年配合基建发掘成果

1）固镇大楼墓地

发掘六朝时期墓葬8座，破坏严重。

2）固镇龙滩墓地

发掘六朝墓葬3座。

3）当涂沱塘墓地

发掘六朝及五代墓葬5座。六朝墓均为砖室墓，出土青瓷双系罐、四系罐、三足砚、盘口壶、虎子等。

4）当涂陆家甸墓地

发掘六朝墓葬7座。墓葬可分为长方形及"凸"字形两类，均为砖室墓，出土青瓷碗、盏和钵。

5）寿县新城区定湖大道墓地

出土数座六朝墓葬，随葬器物均为青瓷六系罐、四系盘口壶、盏、器盖等。

四 唐宋至明清时期

1.2006年配合基建发掘成果

1）宿州市西关大街隋唐大运河遗址

对该遗址的发掘，科学完整地解剖了古运河在宿州境内的结构，河口宽32.65、河底宽近20、深5米，南北相对高差近1米，基本上了解了运河开凿、疏浚、使用的信息。出土文物种类繁多、数量大，主要为瓷器，有生活用品、文体、医类用具、玩具等，窑系属寿州窑、白土窑、越窑、吉州窑、景德镇窑、长沙窑、耀州窑、磁州窑、定窑等20多个窑口。

2）肥东县费集乡清水桥遗址

遗址年代为晚唐至宋，也有少量明清遗存，发掘面积100平方米。发现灰坑、沟、房址、井等遗迹，出土陶器、硬陶器及瓷器残片。

3）青阳县七星河窑嘴窑址

窑址年代为唐代。为利用山体的自然坡度砌筑成的长条形龙窑，残长13.6米。出土夹砂陶质窑具，有垫座、支钉等；器物多为生活用具，有碗、壶、罐、钵、盆、水盂等。

4）金寨县潘湾北宋时期墓葬

1座。该墓墓室为一组庞大的地下砖构建筑，共有12个主室、5个耳室。12个主室分三纵四排，5个耳室位于主室的两侧，南侧3、北侧2个。墓室东西向，墓门朝东，墓门外有排水沟，与墓室内的窨井相通，构成了墓葬的排水系统。所有主室、耳室都有拱形门相通，主室的起券方式为四边券进式，耳室与常见的宋代船形砖室墓相同。墓室内部有斗拱、角柱等砖砌仿木结构，有的壁砖上还有浅浮雕。此墓多次被盗，出土少量瓷碗、铜镜、铜钱等。

5）六安市裕安区陵波墓地

发掘了宋代砖室墓11座、明清土坑竖穴墓26座。出土陶罐、铜钱以及青花瓷碗、瓶等。

6）池州市塔山墓群

年代为宋至明代，墓葬分为两个地点，共发掘11座，分布集中，排列有序，可看出为两处家族墓地。

2.2007年配合基建发掘成果

1）宿州市墉上嘉院大运河遗址

在河道内发现军事壁垒、宋代码头、宋代木船等遗存，出土陶瓷器等各类标本2300余件。再现了隋唐至宋时期社会经济文化的繁荣。

2）芜湖市黄鳝嘴宋代遗址

现存面积约10000平方米，发掘面积600平方米。发现宋代墓葬5座、房址2处，与房屋相关的红烧土、灰坑等遗迹6处，车辙遗迹1处；出土瓷碗、盏、罐、壶、瓶以及铜镜、银簪等文物近百件。

3）寿县寿西湖农场唐宋墓葬

多为当地流行的船形砖室墓，被盗严重，少数残留瓷器。

3.2008年配合基建发掘成果

1）定远县山王遗址

主要堆积为宋代居住遗存，发掘面积900平方米。清理房基2座，排水沟2条；出土陶盆、罐、瓮等，另有板瓦、砖等建筑遗物，瓷器的釉色有青白釉、青釉、酱釉和白釉，器类有碗、杯、盏、洗等。

2）蚌埠市仇岗明墓

墓室由灰砖砌成，平面呈"非"字形；出土铜镜、石砚、围棋子、瓷碗、钱币等遗物，有长方形白石墓碑，无碑文。

3）寿县工作站墓地

墓葬以明清时期为主，出土各类遗物30余件，铜钱360余枚。

4）寿县城南保庄圩墓地

发掘了一批墓葬，其中4座宋墓较为重要，出土有金耳坠、发箍，银钗，水晶簪等。

5）歙县新管村王塘尾窑址

2座，时代为五代至北宋时期。其中Y2保存较为完整，平面形状呈长条形，窑头偏东南，窑为方向正东，坐落于山坡上，自坡下至坡顶依次由窑棚、窑头、窑体及窑尾、烟囱几个部分组成，斜长32米；出土大量陶质窑具如垫柱、垫圈等，还有少量研钵；瓷器以碗、盏、碟等日用器物为主，青瓷居多，有少量的黑釉壶。

6）繁昌新港富鑫钢铁厂明代城墙砖窑遗址

3座砖窑，均为地穴式馒头窑，窑内出土部分城墙砖。据史料记载，城墙砖窑系明洪武年间为朱元璋兴建南京都城城墙所建。

4.2009年配合基建发掘成果

1）休宁县渭桥乡玳金清代祠堂遗址

为当地朱姓祠堂。发掘位于祠堂主体建筑边缘，清理祠堂附属建筑2座，另发现石板路1条，出土较多的清代青花瓷片及砖雕建筑构件。

2）马鞍山毕家山遗址

发现10座宋墓。墓葬保存完整，墓向基本一致，应为一家族墓地，出土了丰富的随葬品。

3）芜湖县横岗宋元至明清墓群

共发掘墓葬41座，其中宋元时期22座，明清时期19座。宋元墓葬形制有土坑竖穴墓和砖室墓，出土陶器、瓷器、铜器、铁器、银器等70余件；明清墓葬形制有砖室墓、土坑竖穴木棺墓、土坑竖穴无棺墓，出土较少的瓷碗、陶盆等。

4）休宁渭桥乡宋村青山明清墓地、资村浒口宋至明清墓地

墓葬多为土坑墓，出土遗物较少，有少量的青花瓷器。

5.2010年配合基建发掘成果

1）濉溪县颜道口大运河遗址

时代为唐五代及宋代。出土有陶器、瓷器、漆器、铁器等完整和可修复文物30多件，瓷片300余片。

2）宿州市西半秦遗址

时代为宋元至明清，发掘面积200平方米。出土遗物以陶瓷器为主，可分为生活用具和建筑材料两大类。

3）繁昌县茶亭遗址

时代为宋代，发掘面积800平方米。遗迹包括墓葬、灰坑、柱洞、灰沟、石路等，出土较多的陶瓷器。

4）濉溪县乔庄遗址

年代为清代，发掘面积990平方米。发现遗迹有灰沟、灰坑、古井、灶、陶窑、墓葬等，出土文物70件，包括瓷器、陶器、铜器、铁器、石器、银器及砖瓦等。

5）肥东县罗胜四墓地

位于罗胜四遗址西南部边缘，墓葬时代为宋代及清代，发掘面积300平方米。墓葬均为竖穴土坑墓，出土陶罐、瓷盏、瓷壶、铜钱、铜簪等。

6）霍邱县八里墓群

墓葬主体年代为宋及明清时期。宋墓1座，土圹砖室墓，墓室内设有斗拱、立柱、门等仿木结构建筑；明清竖穴土坑墓5座，有单室、双室两种形制，出土器物主要有青花瓷杯、釉陶罐及铜钱等。

7）六安经开区金领宋墓群

位于金领战国至汉代墓地中，共两处，一处10余座，一处34座。保存状况相对较好，从排列、方向、墓室结构等方面分析，应属于两个大家族的墓地。

8）怀远县荣军医院新址唐宋墓群

多为砖室墓，形制各异，包括船形、腰鼓形、龟形等，出土遗物包括瓷瓶、青花碗等。

9）宿州市海螺水泥厂墓地

发现明清墓葬7座。

10）马鞍山葛家墓地

发现明清墓葬3座。

11）萧县陈沟墓群

发掘一批唐代及清代墓葬。

12）颍上八里庄墓群

发现宋墓18座、清墓8座。宋墓均系竖穴土坑砖室墓，清墓均为土坑竖穴墓。

13）宣城市南岗墓地

发掘墓葬7座，均为明代砖室墓，出土瓷盏、瓷瓶及铜镜等。

6.2011年配合基建发掘成果

泗县刘圩汴河故道遗址

在发掘区I区发现了唐宋时期的汴河古堤，宋代踩踏面及相关遗迹。

7.2012年配合基建发掘成果

发掘墓葬8处。

1）固镇大楼墓地

发掘唐宋至清代墓20座，出土随葬品140余件。

2）固镇龙滩墓地

发掘清代墓葬3座。

3）肥东小尹墓地

发掘唐宋墓8座、清代墓8座。

4）当涂陆家甸墓地

发掘宋墓3座、明清墓21座。宋墓包括竖穴土坑墓及砖石墓两类，明清墓均为竖穴土坑墓。

5）寿县新城区南关安置小区墓地

发掘5座唐代墓葬，均为砖室墓，呈船形与长方形两类，出土瓷片为寿州窑生产。

8.2013年配合基建发掘成果

1）凤阳乔涧子明代琉璃窑遗址

发掘明代早中期琉璃窑12座。陶窑大部分保存较好，结构基本完整，分为两类，一类为半倒焰式馒头窑，另一类为半倒焰式马蹄窑，窑体由青砖砌成，窑内堆积多为红烧土颗粒、黄褐土和碎砖瓦组成的混合土。出土较多的陶瓦当、琉璃瓦当、滴水、花卉纹雕花砖，青瓷碗、盘、香炉等。根据遗址规模、地理位置、出土遗物特征结合文献记载可推断，该琉璃窑遗址应当为明代早中期修建明中都和皇陵所设置的官府窑厂。

2）六安誉丰木业墓地

发掘唐宋时期墓葬7座，均为砖室墓，随葬品仅见铜钱、瓷罐、铁铧等。

大量考古工作随着基础设施建设的推进得到有序开展，取得的文物保护成果也获得了社会各界的广泛认可。在近些年配合基本建设的考古发掘中，一些较为重要的考古发现也吸引了报纸、电视等各类媒体的关注和报导，随着各类考古报道的传播和影响，"保护文物、人人有责"的观念也渐渐深入人心。

为了回馈社会，向社会展示"十一五"以来安徽省在经济建设迅猛发展的同时，在文物保护和考古发掘中的新发现、新成果，宣传工程建设单位保护文物的先进事迹，宣传文物保护法，唤醒全社会文物保护意识，丰富广大人民群众的精神生活，同时提高整个社会对传统文化的认知水平，我所将2006年以来配合基础设施建设取得的考古成果及发掘出土的代表性文物面向社会展出。

本次展览仅是"十一五"以来出土文物的极小部分，但是涵盖了上至新石器时代、下至明清的各个时期，是从近年来出土的万余件文物中精心挑选出来的具有丰富文化内涵的代表性文物，主要按文物的质地分为铜器、玉石器、陶瓷器三个专题展出。

"十一五"以来安徽省主要建设工程考古项目一览表

类别		建设工程项目工程	考古内容	工作时间	建设单位
公路、大桥、高速公路	1	六武高速公路安徽段	唐宋至清代遗址、墓葬、摩崖石刻、古建筑搬迁	2006年	安徽省交通投资集团
	2	黄塔（桃）高速公路	新石器时代至清代遗址、墓葬	2006年	安徽省交通投资集团
	3	安景高速公路	旧石器时代至清代遗址、墓葬	2006年	省高速公路总公司
	4	泗许高速公路	汉—唐宋时期古遗址及战国中晚期、汉代古墓葬、古窑址、古水井等	2008～2010年	安徽省交通集团有限责任公司
	5	绩黄高速—215省道 改扩	五代至北宋龙窑、明清墓葬	2008年	安徽省高等级公路工程建设指挥部
	6	马鞍山湖东南路	西周至春秋遗址（毕家山遗址、小山遗址）、宋代—明清墓葬2	2009年	马鞍山市城建工程综合开发处
	7	寿县明珠大道拓宽工程	车马坑	2009年	寿县城建公司
	8	蚌淮高速公路	淮南孔店黄庄墓地、凤阳县搬井墓群	2009～2010年	安徽省高等级公路工程建设指挥部
	9	芜雁高速公路	芜湖县横岗六朝—宋元、明清古墓群	2009年	安徽省高等级公路工程建设指挥部
	10	黄祁高速公路	商周、汉、唐宋至明清古遗址、古墓葬	2009年	安徽省高等级公路工程建设指挥部
	11	阜新高速公路	周代至明清古遗址、古墓葬	2011年	安徽省高等级公路工程建设指挥部
	12	北沿江高速公路马鞍山至巢湖段		2010年	安徽交通集团北沿江高速公路马巢段建设办公室
	13	徐明高速公路安徽段	郭咀遗址、刘圩遗址、汉代、唐宋、清代墓葬	2010～2011年	安徽省交通集团有限责任公司徐明高速公路建设办公室
	14	马鞍山314省道改建工程	当涂陶庄战国土墩墓、孙家古墓群	2011年	马鞍山市公路局314省道改建项目办公室
	15	肥东县桥头集路	南北朝至唐宋古墓群	2011年	肥东县建设局
	16	宁绩高速公路	宋至明代墓葬	2011年	安徽省高等级公路工程建设指挥部

类别		建设工程项目工程	考古内容	工作时间	建设单位
公路、大桥、高速公路	17	马鞍山市经济技术开发区银塘路（超山路—金山路）	申东遗址	2011~2012年	马鞍山经济技术开发区建设投资有限公司
	18	合肥新桥国际机场高速公路	黄岗汉代墓葬、王大郢清代墓葬	2010年	安徽省交通投资集团
	19	宣宁高速公路	汉—明清遗址、墓葬	2009年	安徽高等级公路建设指挥部
	20	蚌淮高速公路凤阳段	汉至明清古墓葬	2011年	安徽凤明高速公路建设管理有限公司
	21	马鞍山旅游大道扩建	五担岗商周—唐宋遗址	2009年	马鞍山市城建工程综合开发处
	22	马鞍山大桥连接线	商周、六朝及唐宋古遗址、古墓葬		安徽省高等级公路工程建设指挥部
	23	当涂县黄池东路、东联路	先秦、六朝、五代、宋代墓葬（沱塘、陆家甸墓群）	2011~2012年	当涂县城建工程综合开发办公室
铁路	24	合宁铁路安徽段	战国至汉代墓葬	2006~2007年	合宁铁路公司
	25	合武铁路安徽段	六安双墩一号汉墓	2006~2007年	合武铁路公司
	26	京沪高速铁路安徽段	汉至宋代遗址、墓葬	2008年	
	27	合武铁路六安双墩段南移线区	汉代至宋明时期古遗址、古墓葬	2008年	合武铁路安徽有限责任公司
	28	宿州钱营孜煤矿铁路专用线	芦城孜遗址	2009年	皖北煤电集团有限责任公司钱营孜煤矿
	29	合蚌高速铁路	长丰县老古堆遗址、长丰县古城遗址	2009年	京福铁路客运专线安徽有限责任公司
	30	宁安城际铁路安徽段	各类遗址（时代跨新石器、夏商、西周、春秋和唐宋时期）5处、墓地（时代主要有六朝、唐宋、明清三段）3处	2010年	宁安铁路有限责任公司
	31	合福铁路安徽段（合肥—黄山）	罗胜寺遗址、寺门口遗址、老家罗遗址、范村遗址、皂角树遗址、师姑墩遗址、长冲墓地、金山盛冶炼遗址、牌楼土墩墓群、画眉土墩墓群、下冯塘遗址	2010年	京福铁路客运专线安徽有限责任公司
	32	宿淮铁路安徽段	灵璧县魏集遗址、宿州市大夏家遗址、宿州市两半秦遗址		上海铁路局、宿淮铁路有限责任公司
	33	郑徐高铁安徽段	汉代至宋代遗址、墓葬		郑西铁路客运专线有限责任公司徐州指挥部
	34	阜六铁路	汉代至宋代遗址、墓葬		阜六铁路有限责任公司

类别		建设工程项目工程	考古内容	工作时间	建设单位
	35	宿州市区西关步行街建设	大运河遗址	2006年	宿州市华源房地产开发有限公司
	36	凤阳县城建工程	春秋至明代遗址、墓葬	2007年	有关建设单位
	37	宿州市老城区改造	隋唐大运河遗址	2007年	
	38	六安经济开发区	战国至汉代、宋代墓葬	2006～2013年	
	39	庐江县工业园	汉代至明清墓葬	2007～2008年	
	40	广德经济开发区	西周至六朝墓葬	2008～2012年	
	41	繁昌富鑫钢铁厂新址工程	明城墙砖窑遗址	2008年	
	42	繁昌县板子矶旅游开发项目	板子矶遗址	2009年	
	43	合肥市循环经济园园区	战国—西汉、清代墓群	2009年	合肥循环经济园管委会
园区建设	44	寿县楚都安置小区	灰沟、灰坑、唐代墓葬	2010年	寿县城投房地产开发有限公司
	45	寿县楚都国际建材城	秦汉、唐代、明清墓葬	2010年	安徽豪润置业有限公司
	46	宿州市海螺水泥厂	战国、汉代、明清墓葬	2010年	宿州海螺水泥工程建设指挥部
	47	安庆元一希尔顿酒店	圣埠战国墓群	2011年	
	48	临泉县辉隆建材大市场	汉代、宋代、清代墓葬	2011年	安徽辉隆生资建材大市场管理有限公司
	49	合肥市新港工业园	乱墩汉代墓群	2011年	合肥经济技术开发区新港工业园办事处
	50	泗县释迦寺原址重建	释迦寺遗址		泗县人民政府
	51	安庆市原氮肥厂及周边地块建设	圣埠战国墓群	2011年	安庆市土地收购储备中心 氮肥厂地块开发建设施工单位
	52	寿县安徽展业大酒店	寿春城遗址建设控制地带		安徽展业酒店有限公司
	53	安徽省荣军医院新址	汉代至民国墓葬，共191座（汉代、南北朝、唐代、宋代、金代、明代、清代、民国）	2010年	安徽省荣军医院
	54	繁昌县板子矶旅游开发项目龙王庙恢复重建工程	板子矶遗址（西周中期至春秋晚期）	2009年	
	55	芜湖孙村经济开发区	战国、汉代、六朝、宋代等时期古遗址、古墓葬		繁昌县孙村经济开发区管委会

类别		建设工程项目工程	考古内容	工作时间	建设单位
园区建设	56	寿县移动公司综合楼	寿春城遗址		中国移动通信集团安徽有限公司六安分公司
	57	寿县衡安花苑小区	寿春城遗址		霍山县衡安房地产开发有限公司寿县分公司
	58	寿县官亭街综合改造第二期建设工程			安徽省浙皖置业集团有限公司
	59	寿县新城花苑建设工程		2009年	寿县新城房地产开发有限公司
	60	寿县宾阳、通淝小区及新城区六条道路		2009年	寿县城投房地产开发有限公司
	61	萧县陈沟311国道西侧建设工程		2010年	安徽省柏星置业有限公司
	62	寿县宾阳豪庭新建项目		2011年	安徽省寿县陆宇置业有限公司
	63	寿县同鑫·新街口商业广场	寿县明珠大道、宾阳路交叉口西南	2011年	安徽同鑫置业有限公司
	64	寿县锦绣广场商住楼	新城区	2011年	寿县天健房地产开发有限公司
	65	寿县玫瑰公馆商住楼		2011年	安徽寿县中海置业有限公司
	66	寿县南关安置小区二期		2011年	寿县城投房地产开发有限公司
	67	寿县寿滨安置小区二期		2011年	寿县城投房地产开发有限公司
	68	繁昌县富鑫钢铁厂	南京明城墙砖窑遗址、宋代古墓葬	2008年	繁昌县新港镇人民政府繁昌县富鑫钢铁厂
能源矿产	69	芜湖市响水涧抽水蓄能电站	新石器时代晚期至明清时期古遗址、古墓葬	2007年	
	70	芜湖核电厂		2008~2009年	芜湖核电有限公司
	71	马钢和尚桥铁矿	六朝、唐代墓葬	2009年	马钢集团南山矿业有限责任公司

2011年9月2日，省委书记张宝顺考察省考古所宁安铁路铜陵师姑墩遗址出土文物整理工作

2011年9月2日，省委书记张宝顺，省委常委、宣传部部长臧世凯，副省长谢广祥察看省考古所出土文物精品

2012年12月2日，省委常委、宣传部长曹征海在含山博物馆观看凌家滩出土文物

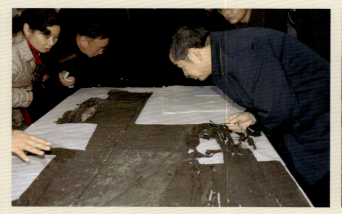

2012年12月12日，省政协副主席郑牧民调研省考古所文物修复工作

省政协副主席、省文化厅副厅长李修松在考古发掘现场指导

2007年1月7日，省文化厅厅长杨果在六安双墩汉墓发掘现场

2013年5月2日，省文化厅厅长袁华在柳孜运河遗址考古工地

国家文物局专家组徐光冀一行检查柳孜运河遗址考古工作

省科技厅副厅长王洵等在考古所科研基地调研文物整理工作

省审计厅副厅长姜爱民等调研考古所科研整理基地

省文物局局长何长风在考古遗址发掘工地

省文物局副局长杨立新、省交通投资集团泗许高速公路建设项目办黄志福主任在泗县吴店墓地发掘现场

京福铁路客运专线安徽有限责任公司叶涛处长一行在京福高铁南陵龙头山土墩墓发掘现场

314省道改建工程——当涂陶庄土墩墓发掘现场（镜向东）

安庆元一希尔顿酒店建设——圣埠墓群发掘现场

蚌淮高速公路建设——凤阳搬井墓地54号汉墓（镜向东）　　　　广德经开区建设——2、3号东汉土墩墩

合蚌高铁建设——长丰古城
遗址发掘现场（镜向北）

合肥方兴大道建设——肥西乱墩子墓群10号汉墓

合肥循环经济园建设——肥东撮镇公安墓群10号汉墓

合肥经开区新港工业园建设——肥西乱墩子墓群136号汉墓
玉璧出土现场

合肥新桥机场高速公路建设——金晓墓群12号汉墓

合肥循环经济园建设——肥东公安墓群发掘场景

合肥循环经济园建设——肥东田熊墓群勘探场景

合肥循环经济园建设——肥东小尹墓群发掘现场

合肥循环经济园建设——肥东小尹墓群19号汉墓

京福铁路建设——南陵龙头山土墩墓发掘现场

京福铁路建设——南陵龙头山土墩墓发掘现场

京福铁路建设——长丰王大包汉墓

京沪高铁建设——定远山王遗址发掘现场（北—南）

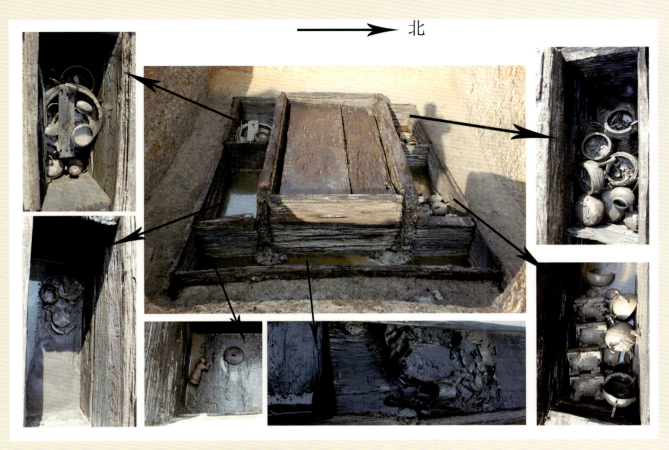

六安经开区建设——白鹭洲566号战国墓外藏室随葬品

北

六安经开区建设——白鹭洲585号战国墓外藏室随葬品

六安经开区建设——白鹭洲战国墓发掘现场

庐江工业园区建设——7号汉墓

马鞍山大桥连接线建设——孤山遗址发掘现场

马鞍山湖东南路建设——毕家山遗址西周房址遗迹（镜向东）

马鞍山湖东南路建设——小山遗址发掘后的公路（南—北）　　　　马鞍山湖东南路建设——小山遗址发掘现场（西—东）

马鞍山湖东南路建设——小山遗址发掘前地貌（南—北）　　　　宁国港口生态工业园建设——灰山土墩墓发掘现场（镜向北）

宁安铁路建设——繁昌茶亭宋代遗址发掘现场

泗许高速公路建设——濉溪龙王庙遗址发掘现场

马鞍山经济开发区建设——申东遗址发掘现场（镜向北）

寿县保庄圩工程——考古钻探现场

寿县宾阳小区南扩工程——考古发掘现场

徐明高速公路建设——泗县刘圩运
河遗址发掘区（镜向南）

华美青铜

青铜器主要指铜锡合金制作的器物，包括有炊器、食器、酒器、水器、乐器、车马器、铜镜、带钩、兵器、工具和度量衡器等，流行于新石器时代晚期至秦汉时代，以商周器物最为精美。秦汉以后，铜器仍大量使用，主要以铜镜、生活器皿、装饰品、钱币等为主，具有新的时代特点。

安徽作为先秦时期重要的铜矿产地之一，各地出土的青铜器数量众多，形态多样。这里展出的有礼器、乐器、兵器、车马器和生活用具等，种类繁多，铸造精良，体现出安徽在早期青铜采掘、冶炼和铸造技术上都具有了相当高的水准。

1-1
虺龙纹铜鼎　LDJLM585：6
战国
口径19.8、腹径21.7、通高22.8厘米
2011年六安白鹭洲战国墓出土

1-2

云雷纹铜鼎 ASM43：4

战国

腹径17.5、高23厘米

2011年安庆圣埠战国墓地出土

1-3
云雷纹铜罍　LDJLM585：28
战国
口径13.7、底径13、通高25.3厘米
2011年六安白鹭洲战国墓出土

1-4
虺龙纹铜盒　LDJLM585：34
战国
口径20.2、高14.3厘米
2011年六安白鹭洲战国墓出土

蟠虺纹提梁铜壶　ASM43：6

战国

腹径16.3、高32.5厘米

2011年安庆圣埠战国墓地出土

1-6

铜甗　LDJLM566：101

战国

口径8.9、通高16.2厘米

2011年六安白鹭洲战国墓出土

新萃

1-7

蟠螭纹铜熏炉　LDJLM566：12

战国

圈足径6.5、通高7.6厘米

2011年六安白鹭洲战国墓出土

1-8
铜卮　HFLM136：21

汉

口径6.5、高9厘米

2013年肥西乱墩子墓群出土

1-9

云雷纹铜鼎 MBM7：1

宋

最大径11.8、通高11.3厘米

2009年马鞍山毕家山遗址出土

1-10
云雷纹蒜头铜壶 MSM35：4
明
腹径6.8、高14.9厘米
2012年马鞍山申东遗址出土

1-11
云雷纹蒜头铜壶 MSM35：5
明
腹径6.8、高14.9厘米
2012年马鞍山申东遗址出土

1-12
人形铜灯　LDJLM566：1
战国
灯盘径12.2、底径7.5、通高19厘米
2011年六安白鹭洲战国墓出土

1-13

铜匕　LDJLM566：76

战国

长15.6、口宽13.4、高12.9厘米

2011年六安白鹭洲战国墓出土

1-14
铜钲　ASM47：1

战国

最宽8.7、最厚7.6、高26.8厘米

2011年安庆圣埠战国墓地出土

1-15
蟠虺纹铜铎　SDDM6：56

战国

口长径7.5、短径6.3、高7.7厘米

2011年寿县定湖大道战国墓出土

1-16 ~ 18

铜铃　SDDM6：54、4、67

战国

底长径5.5～6.1、短径3.5～3.7、高7.4～8.7厘米

2011年寿县定湖大道战国墓出土

1-19 ~ 22

铜铃　FGM17：2、4、6、31

汉

底长径3～3.4、高5.6～6.3厘米

2009年肥东撮镇公安墓地出土

1-23、24

铜车马构件　SDDM6：74、20

战国

通长17.5、通宽14厘米

2011年寿县定湖大道战国墓出土

1-25

铜方策　SDDM6：57

战国

长10.8、宽4.8厘米

2011年寿县定湖大道战国墓出土

1-26

铜节约　SDDM6：33

战国

长6.9、宽4.4厘米

2011年寿县定湖大道战国墓出土

1-27
铜节约　SDDM6：35
战国
长5.7、宽3.2厘米
2011年寿县定湖大道战国墓出土

1-28
铜环　SDDM6：71
战国
直径6.7厘米
2011年寿县定湖大道战国墓出土

1-29、30
铜漆鼓扣件　SDDM6：13、1
战国
长13.9、宽9.7厘米
2011年寿县定湖大道战国墓出土

1-31

"郑赐和印"铜印章　LD38M271：4

汉

边长2.1、厚1.9厘米

2009年六安经开区建设工地出土

1-32

"薛长孙印"龟纽铜印章　LDM32：1

西汉

边长1.8、高1.8厘米

2007年庐江董院汉墓出土

1-33
铜印章　HTLM24：1
汉
边长1.1、厚1厘米
2011年肥西乱墩子墓群出土

1-34
铜印章　HFLM37：7
汉
边长1.4、厚0.5厘米
2012年肥西乱墩子墓群出土

1-35
铜印章　FXM22：10
汉
边长1.6、厚0.5厘米
2012年肥东小尹墓群出土

1-36 ～ 38

铜砝码　FGM10：47

汉

外径3～5、厚1.5～2.5厘米

2009年肥东撮镇公安墓地出土

1-39

铁权　HFLM77：25

汉

底径4、高3厘米

2013年肥西乱墩子墓群出土

1-40

铜带钩　LD38M271：3

汉

长12.5、宽1.4、高1.7厘米

2009年六安经开区建设工地出土

1-41

铜带钩　LD38M382：1

汉

长13.6、宽1.8、高2厘米

2009年六安经开区建设工地出土

1-42
铜镞　SDDM6：32

战国

长9.6、宽1厘米

2011年寿县定湖大道战国墓出土

1-43
铜镞　SDDM6：44

战国

长9.5、宽1.7厘米

2011年寿县定湖大道战国墓出土

铜戈、镈　ASM47：3

战国

戈横31、纵18、厚3厘米，镈长15.8、宽3.6厘米

2011年安庆圣埠战国墓地出土

1-45、46

铜戈、镈 SCLM3：14、15

汉

戈横18.5、纵9.5、厚2.5厘米，镈长13.3、宽3.5厘米

2010年宿州曹村亮山墓地出土

1-47

铜戈　SDDM6：48

战国

横21.5、纵11.3、厚0.9厘米

2011年寿县定湖大道战国墓出土

1-48

铜戈　LDTCM25：3

汉

横27.5、纵13、厚0.9厘米

2008年六安经开区建设工地出土

1-49

铜戈　LDTCM51：1

汉

横20、纵12、厚1厘米

2008年六安经开区建设工地出土

1-50
铜戈　LDTCM28：1
汉
横19、纵11、厚1.2厘米
2008年六安经开区建设工地出土

1-51
铜戈　HFLM146：4
汉
横19.8、纵10.7、厚0.7厘米
2013年肥西乱墩子墓群出土

1-52
铜戈　HFLM146：5

汉

横19.8、纵10.7、厚0.8厘米

2013年肥西乱墩子墓群出土

1-53
铜戈　HTLM126：6

汉

横17、纵6.8、厚0.9厘米

2012年肥西乱墩子墓群出土

1-54、55

铜矛、镦　FTM3：29

汉

矛长22.7、宽3.5厘米，镦长19.3、直径3.2厘米

2009年肥东撮镇公安墓地出土

1-56

铜矛　ASM27：1

战国

长17.5、宽14厘米

2011年安庆圣埠战国墓地出土

1-57

铜矛　HTLM26：1

汉

长21.6、宽4.8厘米

2011年肥西乱墩子墓群出土

1-58

铜矛　HTLM120：4

汉

长17.7、宽3.1厘米

2012年肥西乱墩子墓群出土

1-59

铜矛　FXM22：16

汉

长16、宽3厘米

2012年肥东小尹墓群出土

1-60

铜矛　HTLM119：1

汉

长14.1、宽2.6厘米

2012年肥西乱墩子墓群出土

铜镦　HKHM25：2

战国

长9.8、宽3.4厘米

2009年淮南孔店黄庄墓地出土

1-62

铜镦　HKHM25：3

战国

长9.7、宽3.4厘米

2009年淮南孔店黄庄墓地出土

1-63

铜剑 SDDM6：28

战国

长56、宽5.4厘米

2011年寿县定湖大道战国墓出土

1-64

铜剑　ASM39：1

战国

长63、宽4厘米

2011年安庆圣埠战国墓地出土

1-65

铜剑　SJM8：19

汉

长57、宽4.8厘米

2010年合肥南岗金晓墓群出土

1-66

铜剑　FGM10：1

汉

长57、宽5厘米

2009年肥东撮镇公安墓地出土

1-67

铜剑　FGM34：32

汉

长57、宽4.8厘米

2009年肥东撮镇公安墓地出土

1-68

铜剑　HFLM146：2

汉

长54、宽4.5厘米

2013年肥西乱墩子墓群出土

1-69

铜剑　HFLM143：1

汉

长44、宽4厘米

2013年肥西乱墩子墓群出土

1-70
铜剑　LD38M453：2

汉

长73、宽4.5厘米

2009年六安经开区建设工地出土

1-71
铜剑　LD38M386：15

汉

长47、宽4.2厘米

2009年六安经开区建设工地出土

1-72

铜剑　LDTCM25：1

汉

长61.8、宽5厘米

2008年六安经开区建设工地出土

1-73

铜剑　LDTCM42：1

汉

长47.8、宽3.7厘米

2008年六安经开区建设工地出土

1-74

铜剑、玉剑璏　LDM44：2

西汉

剑长73.6、宽5厘米，璏长9厘米

2007年庐江董院汉墓出土

1-75
五山纹铜镜　LDJLM585：2
战国
直径16.5、厚0.5厘米
2011年六安白鹭洲战国墓出土

1-76
铜镜 LDSGM110：2
汉
直径4、厚0.7厘米
2010年六安经开区建设工地出土

1-77
"日光"铭铜镜 LDSGM18：1
汉
直径6、厚0.6厘米
2010年六安经开区建设工地出土

1-78
"日光"铭铜镜 HFLM13：13
汉
直径6.5、厚0.7厘米
2012年肥西乱墩子墓群出土

1-79
"日光"铭铜镜 HTLM34：1
汉
直径6.9、厚0.7厘米
2011年肥西乱墩子墓群出土

1-80
"家常富贵" 铭铜镜　HTLM25：12

汉

直径8.6、厚1厘米

2011年肥西乱墩子墓群出土

1-81
"日光" 铭铜镜　LDSGM88：2

汉

直径8.6、厚0.9厘米

2010年六安经开区建设工地出土

1-82
神兽博局纹铜镜　SWM6：2
汉
直径9.2、厚1.1厘米
2008年泗县吴店墓地出土

1-83
四乳四虺纹铜镜　HFLM10：1
汉
直径10、厚1厘米
2012年肥西乱墩子墓群出土

1-84
四乳星云纹铜镜　HFLM59：1
汉
直径10.2、厚1.1厘米
2012年肥西乱墩子墓群出土

1-85

四乳四虺纹铜镜　LD38M178：1

汉

直径10.5、厚0.9厘米

2007年六安经开区建设工地出土

1-86

四乳星云纹铜镜　LDSGM14：1

汉

直径11.1、厚1.3厘米

2010年六安经开区建设工地出土

1-87

五乳神兽纹铜镜　LDJLM166：1

汉

直径11.3、厚1.3厘米

2010年六安经开区建设工地出土

1-88
"炼冶铅华" 铭铜镜　LD38M223：1

汉

直径11.5、厚0.9厘米

2007年六安经开区建设工地出土

1-89
"昭明" 铭铜镜　LDM55：2

西汉

直径11.6、厚1.2厘米

2007年庐江董院汉墓出土

1-90
四乳四虺纹铜镜　LD38M229：1

汉

直径12、厚0.8厘米

2007年六安经开区建设工地出土

1-91
神兽博局纹铜镜 LDM73：1

西汉
直径13、厚0.9厘米
2007年庐江董院汉墓出土

1-92
四乳四虺纹铜镜 SWM18：2

汉
直径13.2、厚0.9厘米
2008年泗县吴店墓地出土

1-93

四乳四虺纹铜镜 LD38M246：1

汉

直径13.3、厚1.2厘米

2007年六安经开区建设工地出土

1-94

神兽博局纹铜镜 LDJLM393：1

汉

直径14、厚0.9厘米

2010年六安经开区建设工地出土

1-95

"昭明"铭铜镜　LDM115：1

西汉

直径15.6、厚1厘米

2007年庐江董院汉墓出土

1-96

神兽博局纹铜镜　LDJLM179：1

汉

直径16.3、厚1厘米

2010年六安经开区建设工地出土

1-97

神兽博局纹铜镜　SWM22：1

汉

直径16.6、厚1.1厘米

2008年泗县吴店墓地出土

六乳禽兽纹铜镜　FYXM17：2

汉

直径18.2厘米

2011年阜阳颍州小吴庄墓地出土

1-99
湖州方形铜镜　MBM4：1
宋
长10.6、宽10.4、厚0.7厘米
2009年马鞍山毕家山遗址出土

1-100
湖州葵花形铜镜　MBM1：1
宋
直径16.4、厚0.8厘米
2009年马鞍山毕家山遗址出土

湖州带柄葵花形铜镜　MBM12：1

宋

镜面直径10.6、通长19.5、厚0.4厘米

2009年马鞍山毕家山遗址出土

精美玉石

中国有着7000年的用玉历史，2500年的玉器研究历史，这使中国赢得了"玉器之国"的美誉。玉器种类多样，有玉工具、玉礼器、丧葬玉、佩饰玉、玉器皿、玉摆件等。随着青铜制造业的发展，玉器逐渐失去了其实用价值，而成为一种身份地位的标志和礼仪的象征，其形态、功能、内涵也经历了一系列的变化，然而中国人在长期的历史进程中形成了根深蒂固的尊玉、爱玉、崇玉的民族心理。石器是玉器诞生的基础，是人类最初的主要生产工具，盛行于人类历史的初期阶段，在原始社会后期，部分石器如同玉器一样具备了礼器的功能。

安徽是中国玉文化最早的三大中心之一，各地都蕴含着丰富的玉石资源，在考古发掘中出土的玉石器一直都受大众瞩目。这里展出的石器多为商周石器的生产工具和礼器，玉器大多为装饰品，玉质莹润，工艺精湛。

2-1
玉环　HFLM38：1
汉
外径7.64、厚0.4厘米
2012年肥西乱墩子墓群出土

2-2
玉环　HFLM146：1
汉
外径4、厚0.35厘米
2013年肥西乱墩子墓群出土

2-3
玉环　LD38M386：6
汉
外径4.7、厚0.5厘米
2009年六安经开区建设工地出土

2-4
玉环　LD38M386：3
汉
外径9.5、厚0.6厘米
2009年六安经开区建设工地出土

2-5
玉璧　LDJLM566：117
战国
外径11.6、厚0.45厘米
2011年六安白鹭洲战国墓出土

2-6

玉璧　HFLM136：1

汉

外径14.8、厚0.42厘米

2013年肥西乱墩子墓群出土

2-7

玉璧 LD38M386：5

汉

外径14.1、厚0.35厘米

2009年六安经开区建设工地出土

2-8

玉珩　FXM10：1

汉

长14.2、宽4、厚0.4厘米

2012年肥东小尹墓群出土

2-9

玉觿　LDJLM566：124

战国

长5.5、最宽1.5、厚0.3厘米

2011年六安白鹭洲战国墓出土

2-10

蜻蜓眼琉璃珠　DTD1M1：1

战国

最大径1.6厘米

2011年当涂陶庄土墩墓出土

2-11

玉印章　HFLM38：2

汉

边长1.6、厚1.2厘米

2012年肥西乱墩子墓群出土

2-12

蝉形玉含　SCLM2：1

汉

长2.7、宽1.5、厚0.6厘米

2010年宿州曹村亮山墓地出土

2-13
玉剑首　ASM34：1
战国
直径4.5、厚0.5厘米
2011年安庆圣埠战国墓地出土

2-14、15
玉剑首、剑格　LD38M201：4、2
汉
剑首直径3.8、厚0.7厘米
剑格长5.3、宽2.6、厚1.3厘米
2007年六安经开区建设工地出土

2-16
玉剑璏　LD38M12：4
汉
长6、宽1.4、最厚1.8厘米
2009年六安经开区建设工地出土

2-17

玉剑璏　SJM8：20

汉

长8.1、宽1.9、厚1.1厘米

2010年合肥南岗金晓墓群出土

2-18

玉剑璏　LDSGM119：1

汉

长6.6、宽2.3、厚1.3厘米

2010年六安经开区建设工地出土

2-19

玉剑珌　LD38M386：18

汉

底长5、宽1.8、高2.7厘米

2009年六安经开区建设工地出土

2-20
石钺   TCST9⑪：2
夏商
长9、宽7.6、厚1.8厘米
2010年铜陵师姑墩遗址出土

2-21
石钺   MXT1006⑪：1
周
长12.5、宽7.8、厚1.4厘米
2009年马鞍山小山遗址出土

2-22
石镰   TCST7⑫：2
夏
长11、宽6.3、厚1.5厘米
2010年铜陵师姑墩遗址出土

2-23
石镰　MST907⑤：1
周
长8.4、宽6.8、厚1.1厘米
2012年马鞍山申东遗址出土

2-24
斜柄石刀　TCST29③：1
周
最长12.6、最宽11、厚2厘米
2010年铜陵师姑墩遗址出土

2-25
石矛头　TCST32⑧：2
周
长9.5、最宽7、厚0.5厘米
2010年铜陵师姑墩遗址出土

2-26
石斧　MXT707⑳：1
周
长11.3、宽10.9、厚2.2厘米
2009年马鞍山小山遗址出土

2-27
石斧　TCST20⑤：1
周
长14.7、最宽7.2、厚1.4厘米
2010年铜陵师姑墩遗址出土

2-28
石斧　MBT1206②：1
周
长13.3、宽5.6、厚2.1厘米
2009年马鞍山毕家山遗址出土

2-29
石斧　MBT1206②：7
周
长15.8、宽5.9、厚2厘米
2009年马鞍山毕家山遗址出土

2-30

石锛　MSG7 ③ : 12

周

长4.8、宽3.1、厚1.2厘米

2012年马鞍山申东遗址出土

2-31

石锛　MSH99 : 2

周

长3.4、宽2.9、厚0.5厘米

2012年马鞍山申东遗址出土

2-32

石锛　MSH105 : 1

周

长5.1、宽1.6、厚1.8厘米

2012年马鞍山申东遗址出土

2-33

石锛　MST1019 ⑩ : 4

周

残长11.6、宽5.1、厚2.7厘米

2012年马鞍山申东遗址出土

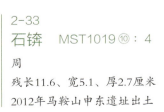

2-34
石锛　MXT1006 ⑬：1
周
长4.3、宽3、厚1厘米
2009年马鞍山小山遗址出土

2-35
石锛　MXH62：1
周
长4.7、宽2.9、厚1厘米
2009年马鞍山小山遗址出土

2-36
石锛　MBT1406 ①：1
周
长3.3、宽1.4、厚0.7厘米
2009年马鞍山毕家山遗址出土

2-37
石凿 MXT707⑳：4
周
长7.8、宽3.3、厚2.5厘米
2009年马鞍山小山遗址出土

2-38
石凿 MST1019⑦：4
周
长5.6、宽2.3、厚1.8厘米
2012年马鞍山申东遗址出土

2-39
石凿 MSG14：1
周
长6.2、宽2.2、厚1.8厘米
2012年马鞍山申东遗址出土

2-40
石凿 MST1018④：3
周
长5.2、宽1.6、厚1.2厘米
2012年马鞍山申东遗址出土

2-41
三棱石箭镞　TCST15 ④：1
周
通长4.5、直径0.8厘米
2010年铜陵师姑墩遗址出土

2-42
石镞　MSG7 ①：4
周
长6.1、宽2.2、厚0.65厘米
2012年马鞍山申东遗址出土

2-43
石镞　MSG7 ③：1
周
长4.6、宽2、厚0.5厘米
2012年马鞍山申东遗址出土

2-44
石镞　MSG7③：6
周
长6.3、宽2.3、厚0.8厘米
2012年马鞍山申东遗址出土

2-45
石镞　MXT608⑪：1
周
长7.8、宽2.3、厚1厘米
2009年马鞍山小山遗址出土

2-46
石镞　MBT1305②：1
周
长4.9、宽1.1、厚0.6厘米
2009年马鞍山毕家山遗址出土

2-47
锥形石器　MST909G7④b：3
周
长7.4、宽1.4厘米
2012年马鞍山申东遗址出土

2-48
锥形石器　MBH5：1
周
长6.6、宽1.4厘米
2009年马鞍山毕家山遗址出土

2-49

石砚 MBM7：6

宋

长18.8、宽16.1、高1.8厘米

2009年马鞍山毕家山遗址出土

秀美陶瓷

【第三部分】

　　陶器的发明，是人类文明发展的重要标志，人们通过烧制黏土制出了陶器，揭开了人类利用自然、改造自然的新篇章。陶器的出现，标志着新石器时代的开端。随着社会的不断进步，陶器的质量也逐步提高。陶器、硬陶、原始瓷、瓷器是中国陶瓷史上的几个发展阶段。

　　安徽六朝青瓷展现了其成熟的技术特点，唐宋时期制瓷工艺已十分发达，承中国南北窑系之精华，著名的有寿州窑、繁昌窑、萧窑等。本次展出的陶瓷器涵盖了上至新石器时代、下至明清的各个时期，有生活用具、饮食器、摆件等种类，品类繁多。

3-2
陶壶　MBH56：1
新石器
腹径12.6、高13厘米
2009年马鞍山毕家山遗址出土

3-3
陶壶　TCSH8：2
夏
腹径20.5、高15.5厘米
2010年铜陵师姑墩遗址出土

3-4
假腹陶豆 TCST37⑨：6
商
口径14.5、高12.5厘米
2010年铜陵师姑墩遗址出土

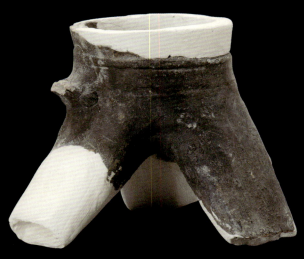

3-5
陶鬶 TCST37⑨：11
商
腹径14.5、残高11.5厘米
2010年铜陵师姑墩遗址出土

3-6
陶铃 TCST9⑪：3
夏商
长径9、短径7.5、高7厘米
2010年铜陵师姑墩遗址出土

3-7
陶器柄 TCST37⑨：9
商
长8、直径2.3厘米
2010年铜陵师姑墩遗址出土

3-8
陶带把鼎 NPD30M1：2
西周晚期
腹径12、高13厘米
2010年南陵龙头山土墩墓出土

3-9
陶鼎 GZD3M4：1
周
口径23.8、高23厘米
2008年广德赵联土墩墓出土

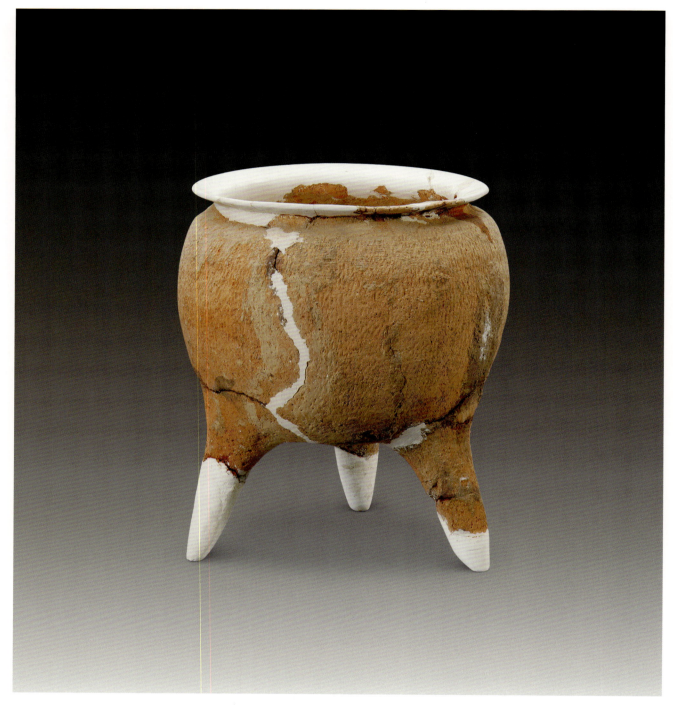

3-10

陶鼎　LHD16M1：3

周

腹径20.7、高25厘米

2012年宁国灰山土墩墓出土

3-11
陶鬲　TCST4⑧：21
西周
腹径20、高18.5厘米
2010年铜陵师姑墩遗址出土

3-12
陶鬲　MGH7：2
周
口径20.6、高18厘米
2010年马鞍山孤山遗址出土

3-13

陶鬲　MGT0103 ⑤：2

周

口径23.7、高25.5厘米

2010年马鞍山孤山遗址出土

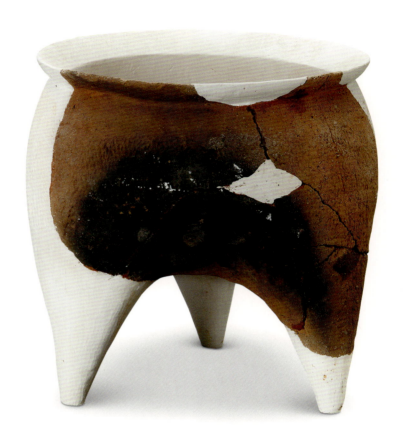

3-14

陶鬲　MGT0301 ⑤

周

口径15、高12.5厘米

2010年马鞍山孤山遗址出土

3-15
陶盉 TCSF2：1
西周
腹径15、高16厘米
2010年铜陵师姑墩遗址出土

3-16
陶罐 TCST11⑬：7
周
腹径19、高20厘米
2010年铜陵师姑墩遗址出土

3-17
陶钵　MGT0601④：3
周
腹径13、高7厘米
2010年马鞍山孤山遗址出土

3-18
印纹硬陶盂　MGT0501⑤：9
周
腹径14、高7.6厘米
2010年马鞍山孤山遗址出土

3-19
印纹硬陶小罐　NPD12M1：3
西周晚期
腹径4、高7厘米
2010年南陵龙头山土墩墓出土

3-20
印纹硬陶双耳小罐　NPD14M1：3

西周晚期
腹径13、高8厘米
2010年南陵龙头山土墩墓出土

3-21
印纹硬陶双耳小罐　NXD6M1：5

春秋
腹径15、高7厘米
2010年南陵画眉土墩墓出土

3-22
印纹硬陶双耳罐　NPD73M1：2

西周晚期

腹径21、高16厘米

2010年南陵龙头山土墩墓出土

3-23
印纹硬陶双耳罐　NPD69M1：6

西周晚期

腹径16.5、高15厘米

2010年南陵龙头山土墩墓出土

3-24
印纹硬陶双耳罐　NPD13M1：1
西周晚期
腹径31、高31厘米
2010年南陵龙头山土墩墓出土

3-25
印纹硬陶双耳罐　NXD28M1：1
春秋
腹径13、高15厘米
2010年南陵画眉土墩墓出土

3-26
印纹硬陶双系罐　GZD2M2：1
周
腹径19、高15.5厘米
2008年广德赵联土墩墓出土

3-27
印纹硬陶瓿　GBD5M2∶1
周
腹径19、高13厘米
2010年广德北冲土墩墓出土

3-28
印纹硬陶瓿　LHD15M2∶2
周
腹径21、高13厘米
2012年宁国灰山土墩墓出土

新萃

大发展 新发现

『十一五』以来安徽建设工程考古成果展

3-29
印纹硬陶瓿　LHD24M3：2

周

腹径7、高13.3厘米

2012年宁国灰山土墩墓出土

3-30
印纹硬陶罐　MSH10：2

西周

腹径22.5、高19.5厘米

2012年马鞍山申东遗址出土

134

3-31

印纹硬陶罐　NPD36M1：3

西周晚期

腹径34、高29厘米

2010年南陵龙头山土墩墓出土

3-32

印纹硬陶罐　NXD8M1：1

春秋

腹径38、高44厘米

2010年南陵画眉土墩墓出土

3-33

印纹硬陶瓮　GBD6M1：19

周

腹径42、高48厘米

2010年广德北冲土墩墓出土

3-34

陶垫 MXT707⑬：1

西周

底径8.2、高5.1厘米

2009年马鞍山小山遗址出土

3-35

陶拍 TCST9⑥：4

周

长7、宽4.5、厚2.7厘米

2010年铜陵师姑墩遗址出土

3-36

陶拍 MBT1505 ④：2

西周

长5.8、宽4.6、厚1.7厘米

2009年马鞍山毕家山遗址出土

3-37

陶拍 MBT1505 ③：1

西周

长10.1、宽6.5、厚2.3厘米

2009年马鞍山毕家山遗址出土

3-38
陶纺轮
西周
直径3.6～4.8、厚1.2～3.4厘米
2009年马鞍山小山遗址出土

3-39
陶网坠 MXH24⑥：8
西周
长2.5、直径1.6厘米
2009年马鞍山小山遗址出土

3-40
陶球 MST1108④：1
商周
最大径3.5厘米
2012年马鞍山申东遗址出土

3-41
陶球 MXT807⑯：1
西周
直径4.2厘米
2009年马鞍山小山遗址出土

3-42

陶鼎 LDJLM585：58

战国

口径19.15、腹径22.9、通高24.2厘米

2011年六安白鹭洲战国墓出土

3-43
兽首陶盖鼎 LDJLM585：69

战国

腹径26.4、通高26.6厘米

2011年六安白鹭洲战国墓出土

3-44
凹弦纹陶壶　LDJLM585：66

战国

口径13.7、足径15.2、通高39.2厘米

2011年六安白鹭洲战国墓出土

3-45
高柄陶壶　LDJLM585：96

战国

口径8、通高30.4厘米

2011年六安白鹭洲战国墓出土

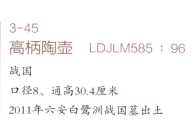

3-46
陶盒 LDJLM585：64
战国
口径27.8、圈足径19.6、通高23.8厘米
2011年六安白鹭洲战国墓出土

3-47
陶鬲 LDJLM585：101
战国
口径22、通高12.8厘米
2011年六安白鹭洲战国墓出土

3-48
陶盖豆　LDJLM585：65

战国

口径22.7、通高33.9厘米

2011年六安白鹭洲战国墓出土

3-49
陶方盖豆　LDJLM585：53

战国

口径21、底径11.2、通高37.1厘米

2011年六安白鹭洲战国墓出土

3-50

陶钫　LDJLM585：60

战国

口径13.8、圈足径16.7、通高48.5厘米

2011年六安白鹭洲战国墓出土

3-51

三足提梁陶罍　LDJLM585：68

战国

口径16.5、通高28.7厘米

2011年六安白鹭洲战国墓出土

3-52
陶敦　LDJLM585：63
战国
口径23.8、通高33.7厘米
2011年六安白鹭洲战国墓出土

3-53
陶簠　LDJLM566：7
战国
口径长22、宽19、通高18.2厘米
2011年六安白鹭洲战国墓出土

3-54

陶尊缶　LDJLM585：50

战国

口径15.4、圈足径19、通高37厘米

2011年六安白鹭洲战国墓出土

3-55
陶盆 LDJLM566：17
战国
口径43、高15.2厘米
2011年六安白鹭洲战国墓出土

3-56
陶鉴 LDJLM585：51
战国
口径60、高30厘米
2011年六安白鹭洲战国墓出土

3-57

三足陶罐 LDJLM566：28

战国

口径9.6、底径10.4、通高18.2厘米

2011年六安白鹭洲战国墓出土

3-58

双系硬陶罐 ASM21：3

战国

腹径29、高18厘米

2011年安庆圣埠战国墓地出土

3-59

三足陶盘 DTD1M1：5

战国

口径26.7、高7.4厘米

2011年当涂陶庄土墩墓出土

3-60
陶俑头　ASM36：7

战国

宽9、厚7、高11.6厘米

2011年安庆圣埠战国墓地出土

3-61
陶俑头　ASM36：8

战国

宽9、厚6.8、高12厘米

2011年安庆圣埠战国墓地出土

3-62

陶俑头　LDJLM585：82

战国

最宽10.7、高14.8厘米

2011年六安白鹭洲战国墓出土

3-63

陶俑头　LDJLM585：106

战国

最宽9、高12.5厘米

2011年六安白鹭洲战国墓出土

3-64 ~ 66

陶角形器　DTD1M1：15、35、37

战国

长8.4~9.6、宽4.8~5.9、厚6.2~6.5厘米

2011年当涂陶庄土墩墓出土

3-67

陶匕　LDJLM566：63

战国

长16.4、宽11.5、高12.5厘米

2011年六安白鹭洲战国墓出土

3-68

陶斗　LDJLM566：50

战国

口径3.7、腹径7.7、高12.9厘米

2011年六安白鹭洲战国墓出土

3-69

陶编钟　HHM25：15、11、16、14、13

战国

底长径13.5～15.7、短径9～10.5、通高9.3～21.9厘米

2009年淮南孔店黄庄墓地出土

3-70

陶拍　SHX-1

战国

直径13.8、高16.6厘米

寿县现代汉城建设工地战国墓出土

3-71

釉陶麟趾金　LDM68 : 18

西汉

直径5.8、厚2厘米

2007年庐江董院汉墓出土

3-72

陶铲　HTLM29 : 15

汉

口径6.8厘米

2011年肥西乱墩子墓群出土

3-73

陶勺　HTLM29 : 4

汉

最大径6.9厘米

2011年肥西乱墩子墓群出土

3-74

陶俑　DTM8：12

六朝

宽7.7、厚6.3、高20.3厘米

2012年当涂沱塘墓地出土

3-75
釉陶鼎　FXM19：13
汉
腹径17、高17厘米
2012年肥东小尹墓群出土

3-76
兽面双附耳釉陶鼎　LDM26：32
西汉
腹径21、高21厘米
2007年庐江董院汉墓出土

3-77
釉陶鼎　HTLM55：17
汉
口径21.3、高21.3厘米
2012年肥西乱墩子墓群出土

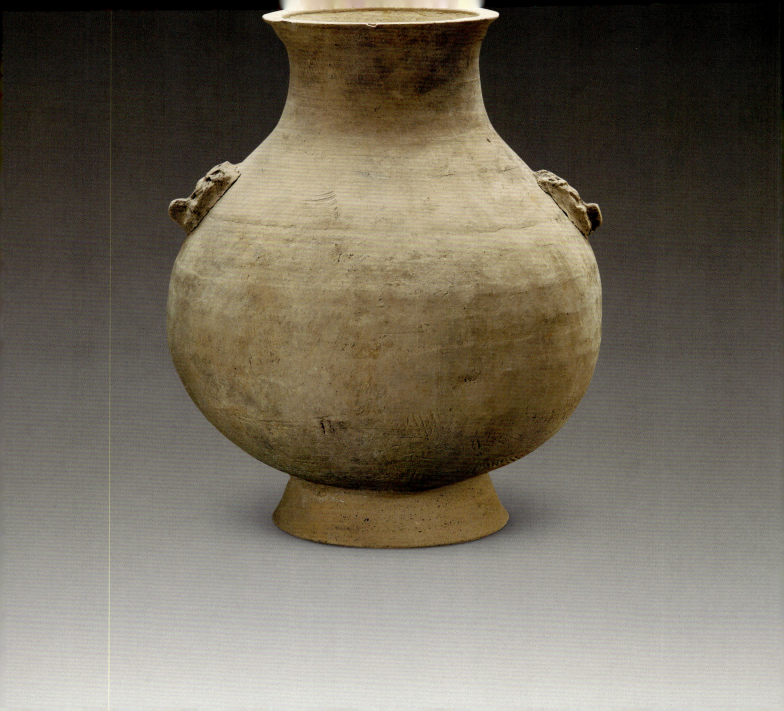

3-79
釉陶壶　GBM18：2
西汉
腹径21、高27.5厘米
2009年广德北冲汉墓出土

3-80
叶脉纹铺首双耳釉陶壶　LDM58：1
西汉
腹径22、高30厘米
2007年庐江董院汉墓出土

3-81

釉陶壶　HTLM43：2

汉

腹径12.6、高21.4厘米

2011年肥西乱墩子墓群出土

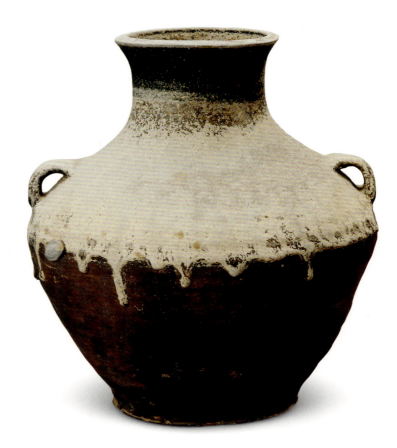

3-82

釉陶壶　HTLM55：2

汉

腹径21.2、高28.2厘米

2012年肥西乱墩子墓群出土

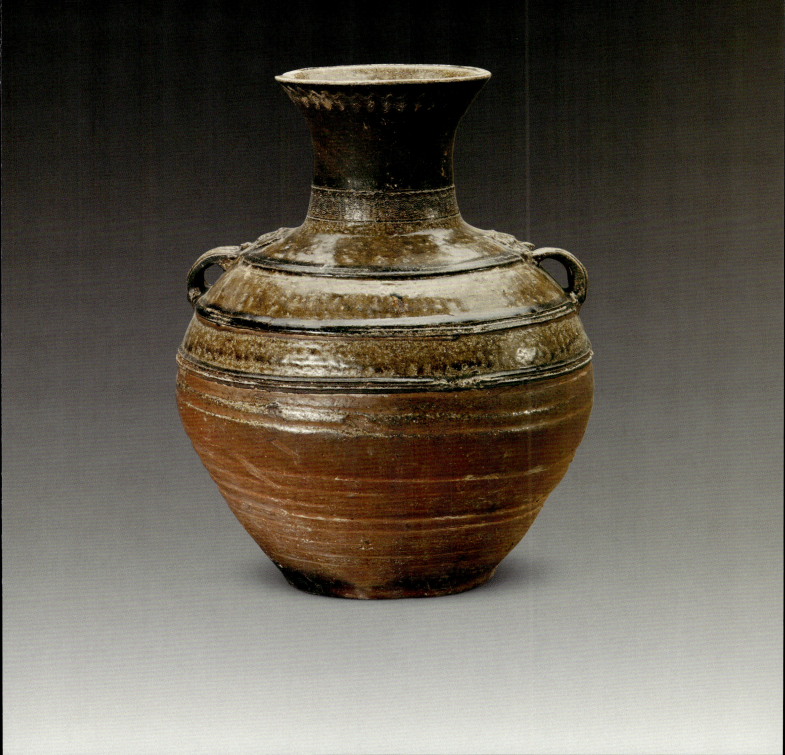

3-84
釉陶壶　FXM19：17
汉
腹径20、高29厘米
2012年肥东小尹墓群出土

3-85
釉陶壶　SJM8：7
汉
腹径24、高28厘米
2010年合肥南岗金晓墓群出土

3-86

陶鐎壶　HFLM138：10

汉

长11.5、宽10.5、通高7.8厘米

2013年肥西乱墩子墓群出土

3-87
陶豆　HTLM8：4
汉
腹径8.6、高10.4厘米
2011年肥西乱墩子墓群出土

3-88
陶钫　SJM12：23
汉
腹径25、高44厘米
2010年合肥南岗金晓墓群出土

3-89
釉陶瓿 GBM24：7

西汉

腹径34.5、高29.5厘米

2010年广德北冲汉墓出土

兽面桥形耳釉陶瓿　LDM70：13

西汉

腹径25、高25厘米

2007年庐江董院汉墓出土

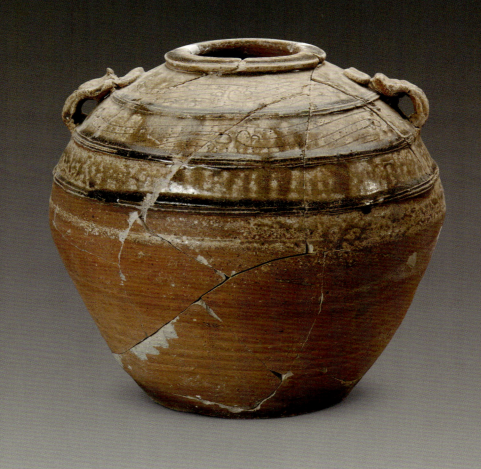

3-91
釉陶瓿　FBM15：21
汉
腹径34.8、高30.8厘米
2009年凤阳搬井墓地出土

3-92
釉陶瓿　FXM19：9
汉
腹径24、高19厘米
2012年肥东小尹墓群出土

3-93
釉陶瓿　SJM8：4
汉
腹径30、高20厘米
2010年合肥南岗金晓墓群出土

3-94
陶双耳罐　GBM7：1
西汉
腹径12.7、高10厘米
2008年广德北冲汉墓出土

3-95
陶罐　HTLM55：7
汉
腹径13.6、高10.8厘米
2012年肥西乱墩子墓群出土

3-96
小陶罐　HTLM86：7
汉
腹径10.4、高7厘米
2012年肥西乱墩子墓群出土

3-98
釉陶盒 FXM19：4
汉
腹径15.5、高16厘米
2012年肥东小尹墓群出土

3-99
釉陶盒 LDM18：19
西汉
腹径20、高21厘米
2007年庐江董院汉墓出土

3-100

釉陶盒　HTLM55：11

汉

口径21.4、高18.8厘米

2012年肥西乱墩子墓群出土

3-101
陶匜　HFLM16：10
汉
口径20.2、高7.3厘米
2012年肥西乱墩子墓群出土

3-102
陶钵　HTLM86：6
汉
口径12.2、高7.4厘米
2012年肥西乱墩子墓群出土

3-103
陶杯　HTLM29：5
汉
口径6.8、高9.1厘米
2011年肥西乱墩子墓群出土

陶熏　HTLM1 : 2

汉

最长10.4、最宽10.4、通高17.5厘米

2011年肥西乱墩子墓群出土

3-105
陶熏 HTBM1：3
汉
口径8、高10.3厘米
2011年肥西乱墩子墓群出土

3-106
陶熏 HTLM16：2
汉
口径13.6、高15.8厘米
2012年肥西乱墩子墓群出土

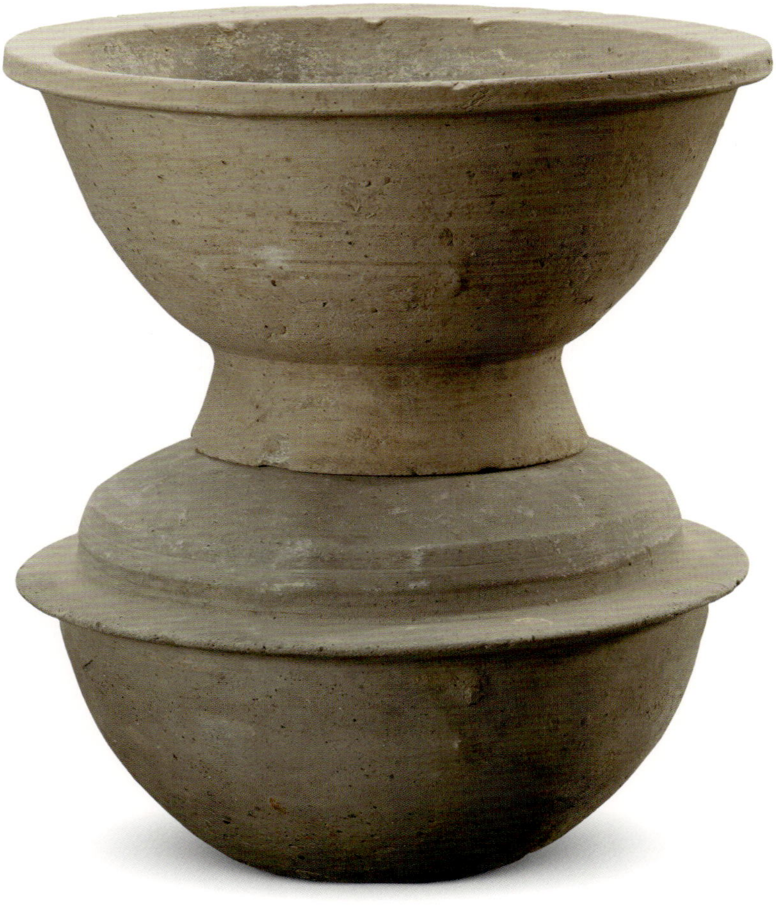

3-107
陶甗 HFLM16：19、16
汉
口径18.6、高21.4厘米
2012年肥西乱墩子墓群出土

陶灶　HTLM4：12

汉

长38.8、宽14.9、通高14.5厘米

2011年肥西乱墩子墓群出土

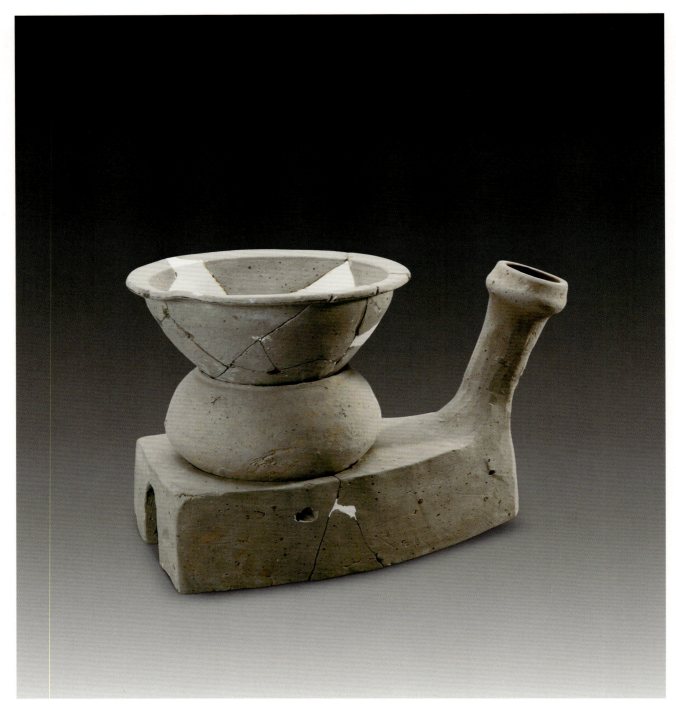

3-109

陶灶　HTLM12：5

汉

通长21.5、通高16厘米

2011年肥西乱墩子墓群出土

3-110
陶仓　HTLM102：6
汉
底径13.6、高13.6厘米
2011年肥西乱墩子墓群出土

3-111
陶井　HFLM39：1
汉
口径17.4、高13.3厘米
2011年肥西乱墩子墓群出土

3-112
陶井、汲水罐　GBM1：4

西汉

直径24.5、高32.5厘米

2009年广德北冲汉墓出土

3-113
陶井、汲水罐　LDM43：12

西汉

直径11.5、高12.8厘米

2007年庐江董院汉墓出土

陶圈、陶猪　LDM30：5

西汉

边长26、通高14厘米

2007年庐江董院汉墓出土

3-115
原始瓷豆　GZD2M2：6
周
口径13.5、高7厘米
2008年广德赵联土墩墓出土

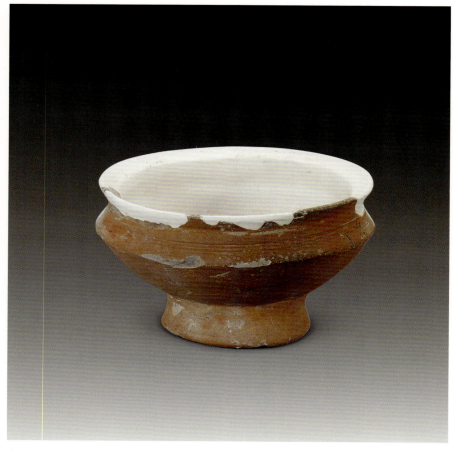

3-116
原始瓷豆　MGT0602 ③：1
周
口径12、高7.2厘米
2010年马鞍山孤山遗址出土

3-117
原始瓷盂　GZD7M1：6
周
腹径9、高4.2厘米
2008年广德赵联土墩墓出土

3-118
原始瓷钵　TCST6③：1
春秋
口径18.6、高6厘米
2010年铜陵师姑墩遗址出土

3-119

原始瓷碗　MXH24④：15

西周

口径11.2、高4.8厘米

2009年马鞍山小山遗址出土

3-120

原始瓷碗　MGT0201④：2

周

口径12.6、高4.2厘米

2010年马鞍山孤山遗址出土

3-121
原始瓷盅　LHD24M1：2
周
口径9.7、高4.7厘米
2012年宁国灰山土墩墓出土

3-122 ～ 125
原始瓷盅　DTD1M1：28、36、41、42
战国
口径4.7～5.3、高4.4～5.2厘米
2011年当涂陶庄土墩墓出土

3-126
原始瓷盏　LHD15M2：9
周
口径13.8、高4厘米
2012年宁国灰山土墩墓出土

3-127
原始瓷盏　LHD35M2：8
周
口径13.2、高4.3厘米
2012年宁国灰山土墩墓出土

3-129

青釉四系瓷罐　CWM1：3

汉

腹径22.5、高22厘米

2010年长丰王大包汉墓出土

3-130
青釉四系瓷罐　CWM1：5
汉
腹径21、高22.5厘米
2010年长丰王大包汉墓出土

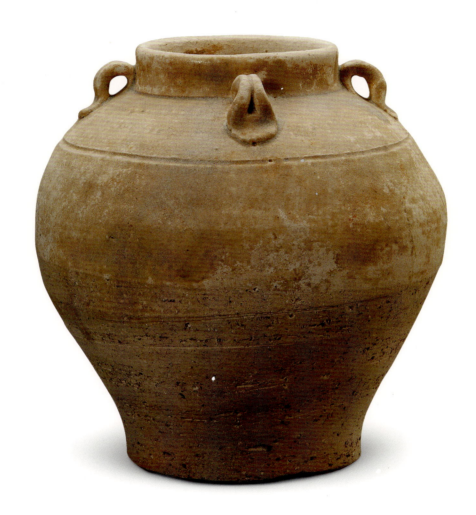

3-131
青釉四系瓷罐　FBM38：1
汉
腹径15.7、高18.4厘米
2009年凤阳搬井墓地出土

3-132
青釉印花瓷盂　DTM1
六朝
腹径12.3、高10.6厘米
2012年当涂沱塘墓地出土

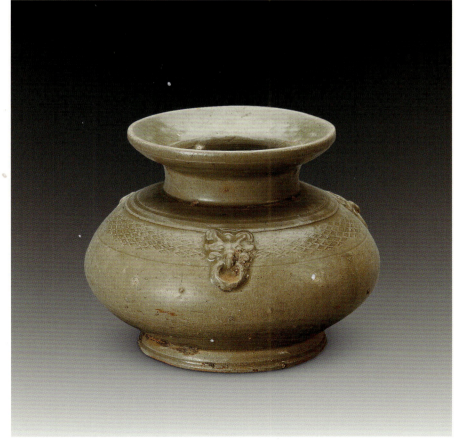

3-133
青釉印花瓷盂　DTM2：17
六朝
腹径11、高9厘米
2012年当涂沱塘墓地出土

3-134
青釉印花双系盘口瓷壶　DTM2：10

六朝

腹径18、高16.6厘米

2012年当涂沱塘墓地出土

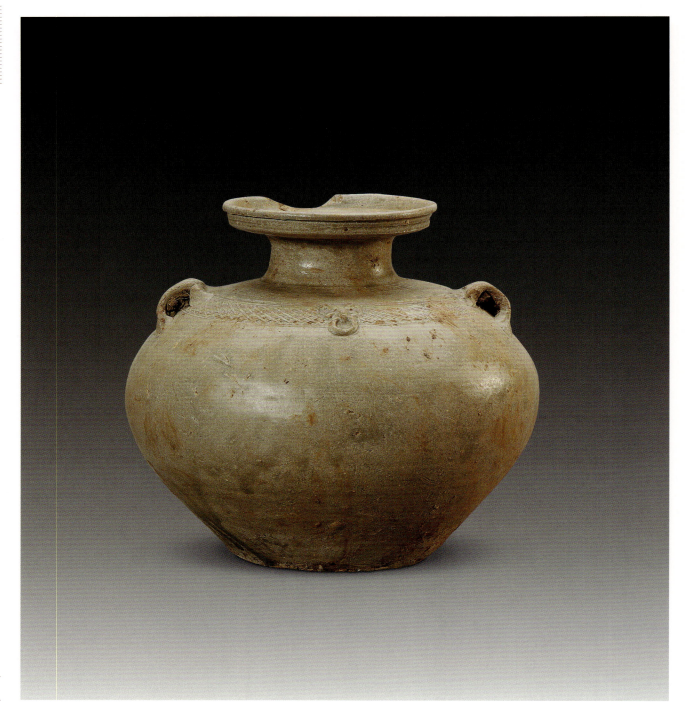

3-135
青釉双系鸡首瓷壶　DTM6：8

六朝

腹径20、高19.5厘米

2012年当涂沱塘墓地出土

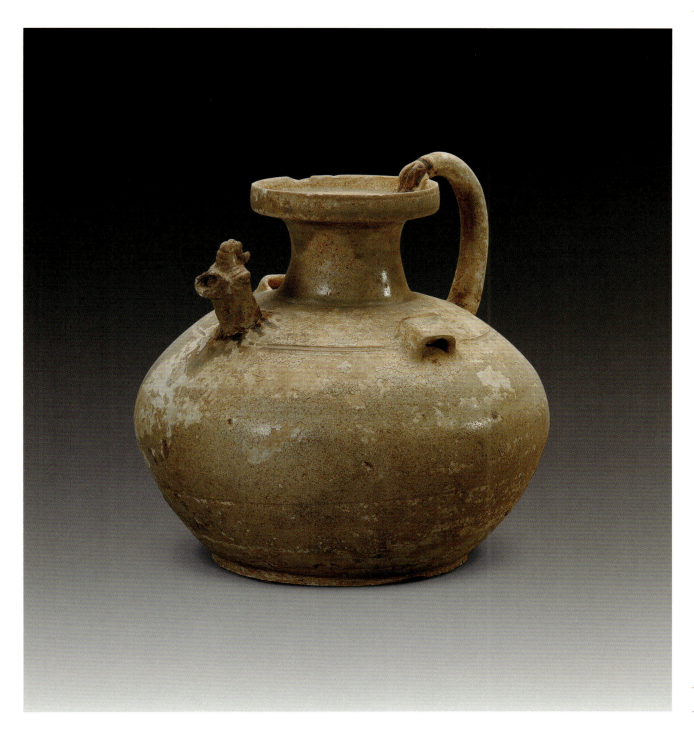

3-136
青釉四系瓷罐　DTM2：12
六朝
腹径22、高23.5厘米
2012年当涂沱塘墓地出土

3-137
青釉瓷盏　DLM4：2

六朝

口径9.2、高3.7厘米

2012年当涂陆家甸墓地出土

3-138
青釉瓷碗　DLM32：1

六朝

口径11.8、高4.2厘米

2012年当涂陆家甸墓地出土

3-139

青釉刻花狮形瓷插座　DTM2：19

六朝

长11.2、宽6.2、高9.3厘米

2012年当涂沱塘墓地出土

3-140
青釉三足瓷砚　DTM2

六朝

口径15、高3.2厘米

2012年当涂沱塘墓地出土

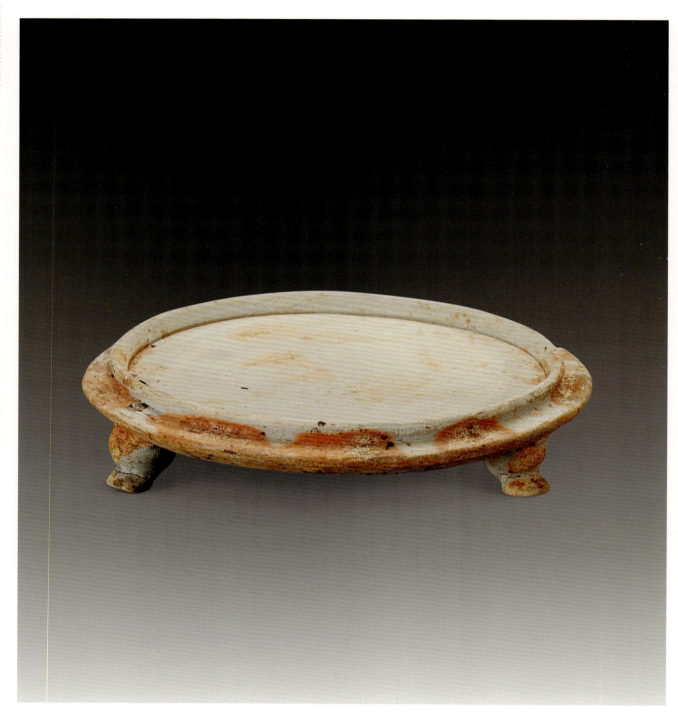

3-141

青白釉刻花瓷碗　MBM7：7

宋

口径13.2、高4.2厘米

2009年马鞍山毕家山遗址出土

3-142
青白釉瓷碗 SLT22⑤：2
宋
口径26.6、高9.8厘米
2011年泗县刘圩墓地出土

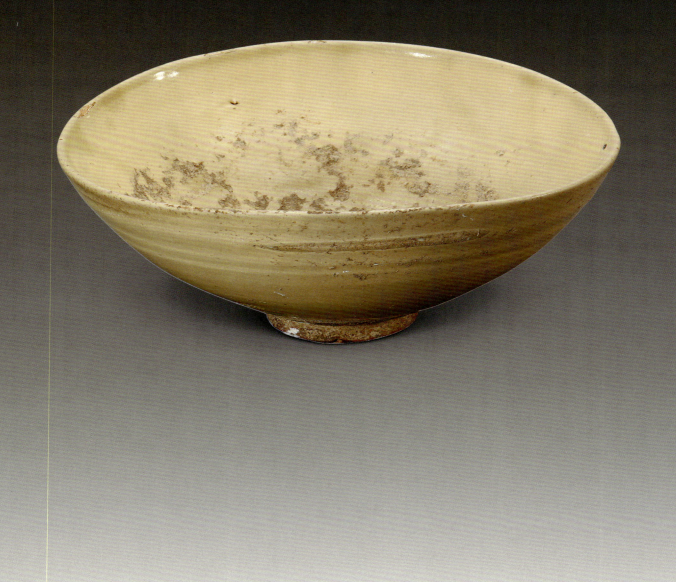

3-143
黑釉瓷盏 MBM7：10
宋
口径11.4、高10.6厘米
2009年马鞍山毕家山遗址出土

3-144
黑釉瓷盏
宋
口径12、高6厘米
2011年泗县刘圩墓地出土

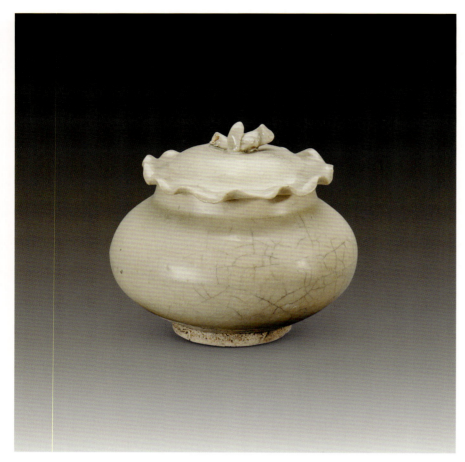

3-145
青白釉瓷盖罐　MBM13：3
宋
腹径9.5、高7.5厘米
2009年马鞍山毕家山遗址出土

3-146
青釉瓷粉盒　MBM2：2
宋
最大径7.5、通高3.1厘米
2009年马鞍山毕家山遗址出土

3-147

青花弦纹三足瓷炉 MSM35：6

明

口径6.8、高6.3厘米

2012年马鞍山申东遗址出土

后　记

　　文物是不可再生的文化资源，保护文物功在当代、利在千秋。"十一五"以来，安徽社会经济高速发展，我们在追求经济繁荣的同时，更需要文化的繁荣，需要历史文化遗产与现代文明的协调融合。正是工程建设者与文物保护工作者的鼎力配合、真诚合作，实现了工程建设与文物保护的互利共赢。本次展览就是经济建设与文物保护协调融合、互利支持的最好体现。

　　建设工程的考古调查、勘探、发掘，往往是时期紧、任务重。我们的考古工作者，战酷暑、抗严寒，其中的艰辛是难以想象的，如果没有高度的责任心，没有对事业的执著和对考古工作的热爱，是无法完成的。借此机会，向奋战在田野的考古队员表示敬意。你们为文化遗产保护、为考古学研究付出的青春、付出的劳动，历史会记着的。本书记录的考古发掘成果，也会让你们感到欣慰。

　　建设工程的考古发掘成果展，我们曾经在马鞍山市 、安庆市、萧县等地举办过专题展览。本次展览是首次从众多的建设工程考古发掘项目中遴选出部分文物，举办的一个综合性文物展览。展览在2013年文化遗产日隆重推出，同时也是安徽省文物考古研究所承办的第三届黄淮七省考古论坛系列学术活动之一。为了完整记录这个展览，我们将展览以文物图录的形式编辑出版，以飨读者。

　　在展览的筹备、展出以及图录的编辑中，得到了安徽省文化厅、安徽省文物局、安徽交通投资集团领导的关心支持，得到安徽省博物院的大力协助，得到了相关市、县文物部门的全力帮助。在此一并致谢！

编　者

2015年6月28日